TECHNIQUES ET PRATIC

CW00504331

Dominique Abry   Julie Veldeman-Abry

Phonétique

CLE
INTERNATIONAL

Crédits photographiques (couverture) :
Couverture : g Matthias Jung/LAIF-REA — m F. Maigrot/REA — d Romain Degoul/REA

REMERCIEMENTS
Nous tenons à remercier tous les étudiants du CUEF de l'université Stendhal Grenoble 3 et de l'ILCF de l'université catholique de Lyon qui nous ont permis de tester les activités de ce manuel. Notre gratitude va aussi à tous les enseignants de FLE de par le monde qui nous ont poussées, par leurs questions et l'expression de leurs besoins, à réfléchir sur la variété des moyens et des activités utiles pour corriger leurs apprenants.
Merci aussi à Lionel DAMEÏ pour nous avoir autorisé à reproduire sa chanson *Lausanne*.

Direction éditoriale : Michèle Grandmangin
Édition : Dominique Colombani
Conception maquette et mise en pages : Alinéa
Couverture : Alinéa
Correction : Jean Pencreac'h

Sommaire

DEUXIÈME PARTIE
FICHES PÉDAGOGIQUES

Introduction

Oser entreprendre un livre sur la correction phonétique est une gageure car cette matière a toujours été manipulée, si j'ose dire, du bout des lèvres tant elle semble inaccessible, scientifiquement réservée à une élite et finalement « pas si utile que ça ». On constate d'ailleurs une approche similaire en grammaire où, même si les travaux sur la grammaire de l'oral ont commencé dès les années 1960, on continue en 2006 dans la majorité des ouvrages d'enseignement à ne donner que les règles de la grammaire de l'écrit et cela aussi bien en français langue maternelle qu'en français langue étrangère.

Rappelons les propos de Louis Porcher : « La phonétique, pour les non-spécialistes, est une science ardue, vaguement intimidante par sa technicité même. On espère apprendre à l'utiliser, on n'envisage pas sérieusement de chercher à la connaître. [...] Discipline vécue à la fois comme difficile et indispensable, la phonétique a tenu, dans la didactique, une place toujours singulière : tantôt éminente, tantôt subalterne, jamais anodine. Redoutée, fascinante, elle s'incarne pédagogiquement et sociologiquement, pour l'apprenant comme pour le béotien, dans l'une des valeurs les plus hautes de la pratique langagière : la prononciation[1]. »

Et pourtant se lancer dans cette aventure a été passionnant car il est évident aujourd'hui que la nécessité d'intégrer la phonétique dans la construction d'un cours de français n'est plus à démontrer. Après avoir été mis de côté par la première génération des approches communicatives, on assiste à un retour en force de la correction phonétique en classe de langue. En effet, la compétence de communication, que ce soit en compréhension de l'oral ou en production orale, repose sur une série de distinctions phonologiques sur lesquelles vont s'élaborer des distinctions grammaticales et lexicales. Une prononciation erronée peut gêner la compréhension d'un message car souvent il n'y a qu'un son qui porte la distinction. La qualité de l'échange en dépend. On imagine aisément l'incompréhension et la confusion entre deux interlocuteurs dont l'un s'entend dire « Dites-moi tout » alors que l'autre voulait dire « Dites-moi tu ! »....

Les nouvelles grilles d'évaluation de la production orale de chaque examen du Delf (A1, A2, B1, B2) et du Dalf (C1 et C2) correspondant aux six niveaux du CECR traduisent aujourd'hui l'importance de la phonétique. En effet, à chaque niveau, 3 points sur 25 (de 0 à 3 par demi-point) sont consacrés à la maîtrise du système phonologique, et la progression de la qualité phonétique est traduite dans les termes suivants :

---

1. L. Porcher, « Simples propos d'un usager », *Études de linguistique appliquée* n° 66, Didier, p. 135, 1987.

▶ DELF A1

L'apprenant peut prononcer de manière compréhensible un répertoire limité d'expressions mémorisées.

▶ DELF A2

L'apprenant peut s'exprimer de façon suffisamment claire. L'interlocuteur devra parfois faire répéter.

▶ DELF B1

L'apprenant peut s'exprimer sans aide malgré quelques problèmes de formulation et des pauses occasionnelles. La prononciation est claire et intelligible malgré des erreurs ponctuelles

▶ DELF B2

L'apprenant a acquis une prononciation et une intonation claires et naturelles.

▶ DALF C1 et DALF C2

L'apprenant a acquis une intonation et une prononciation claires et naturelles. Il peut varier l'intonation et placer l'accent phrastique pour exprimer de fines nuances de sens.

Si les auteurs des certifications l'ont compris, les concepteurs de manuels restent encore un peu en retrait puisqu'ils n'intègrent une rubrique « phonétique » que pour les livres 1 et 2, c'est-à-dire pour les niveaux A1 et A2 du référentiel pour les langues du Cadre européen. La rubrique « Phonétique » disparaît en effet des livres 3 et 4, c'est-à-dire ceux des niveaux B1 et au-delà, ce qui est pour le moins étonnant dans la mesure où les difficultés intonatives, consonantiques et vocaliques des apprenants persistent et qu'ils seront notés sur leur prononciation.

Nous allons essayer tout au long de cet ouvrage d'aller contre la croyance selon laquelle « la maîtrise du système phonologique [peut] s'acquérir tout naturellement par simple imprégnation » et que l'essentiel « est de mettre en contact les apprenants avec l'authenticité de la langue orale[1] ». Nous allons essayer de présenter un visage de la phonétique le plus séduisant et le plus simple possible pour que les enseignants décident de s'approprier les activités et les moyens que nous allons proposer, dans leur grande majorité enregistrés avec une articulation soignée et accentuée, et ce faisant dépasser la simple répétition du message par l'enseignant. L'écoute et la répétition de ces documents constituent déjà un

---

1. Galazzi-Pedoya.

tout début de correction puisque l'oreille de l'apprenant va être sollicitée par cette prononciation très soignée et que des premières réactions pourront apparaître. Cette première étape est nécessaire mais en aucun cas suffisante.

Notre ouvrage présente les différentes façons de corriger les erreurs les plus courantes. Ces méthodes ne peuvent être mises en place sans une certaine connaissance des phénomènes articulatoires et acoustiques du système phonologique français. Nous présentons donc dans une première partie l'état actuel du phonétisme français car il est important de prendre conscience de son évolution. Cela permet de préparer l'oreille des apprenants aux variétés linguistiques entendues. Nous précisons à la suite ce qu'il est indispensable de corriger et les différentes méthodes utilisées pour y parvenir.

Dans une deuxième partie, nous fournissons sous forme de fiches un ensemble d'activités qui mettent en œuvre des documents pédagogiques, authentiques et littéraires permettant de ne pas être en décalage avec ce que les apprenants peuvent entendre sur Internet.

Cet ouvrage est accompagné d'un CD où la grande majorité des documents est enregistrée.

Première partie

Le français aujourd'hui

Le temps change toute chose : il n'y a aucune raison pour que la langue échappe à cette loi universelle.

FERDINAND DE SAUSSURE

Première partie

Le français
aujourd'hui

Chapitre 1 | La prosodie

La prosodie comprend : l'accentuation, le rythme, l'intonation et la syllabation

L'ACCENT TONIQUE

Le français est une langue à accent fixe.

La place de l'accent

L'accent est placé en français sur la voyelle de la dernière syllabe prononcée du mot ou groupe de mots. On appelle ce groupe de mots : groupe rythmique.

Exemple :
« Un café ! » : l'accent sera sur le « é » de caf**é**.
« Un café allong**é** ! » L'accent sera sur le « é » de « allong**é** ».

Il faudra donc enseigner aux apprenants étrangers à déplacer l'accent selon la place que le mot occupera dans la phrase. La démarche est nouvelle pour de nombreux apprenants, puisque beaucoup de langues ont des accents de mots et leurs locuteurs ne peuvent prononcer un mot sans l'accent qui lui est attaché.

Ces exercices manipulant le déplacement des accents sont à réaliser à tous les niveaux d'apprentissage, car les apprenants ont tendance à mettre trop d'accents dans une phrase.

La réalisation de la voyelle accentuée

La voyelle de la syllabe accentuée :
– est plus longue que toutes les voyelles non accentuées du groupe rythmique ;
– est réalisée avec un ton plus bas ou plus haut que les autres voyelles du groupe rythmique.

L'accent et les groupes rythmiques

Ils varient d'une à six syllabes en fonction notamment du débit de la personne qui parle. Certaines personnes parlent plus rapidement que d'autres. Dans une phrase, le nombre d'accents varie en fonction du nombre de groupes rythmiques.

Exemples :

Ce matin très t**ô**t, il a téléphon**é**. → 2 groupes rythmiques → 2 accents

Ce mat**in**, très t**ô**t, il a téléphon**é**. → 3 groupes rythmiques → 3 accents

Si tu as le te**m**ps, dem**ain,** viens avec m**oi** chez le doct**eu**r.
→ 4 groupes rythmiques → 4 accents.

Si tu as le temps dem**ain,** viens avec m**oi** chez le doct**eu**r.
→ 3 groupes rythmiques → 3 accents.

L'accent a donc une fonction **démarcative**. Il délimite des unités de sens : groupe nominal, groupe verbal, complément de lieu, de temps…

On sensibilisera à cette fonction de l'accent par des exercices de lecture de texte avec un débit plus ou moins lent et la délimitation des groupes rythmiques correspondants par les apprenants.

LE RYTHME

Le rythme français est très régulier.

Toutes les syllabes inaccentuées ont à peu près la même durée et sont articulées aussi nettement que les syllabes accentuées. Seule la syllabe accentuée est plus longue.

Pour faire sentir cette régularité syllabique aux apprenants, on peut marquer le tempo en tapant avec la main.

L'INTONATION

L'intonation a une fonction linguistique

Elle permet de caractériser une phrase **déclarative** (affirmative et négative) d'une phrase **interrogative** ou **impérative**.

▶ La phrase déclarative

Elle descend en fin de phrase

Exemples : Je pense partir ce soir. ↘   Je ne pense pas partir ce soir. ↘

Elle peut avoir plusieurs groupes rythmiques selon la longueur de la phrase. Il y a une intonation ascendante sur la dernière syllabe du groupe qui indique la continuation de la phrase, et une intonation descendante sur la syllabe du groupe qui conclut.

Exemple : Il a dit ↗ qu'il viendrait ↗ si on l'invitait ↗ très solennellement ↘.

▶ La phrase interrogative

Sans mot interrogatif, l'intonation monte en fin de phrase.

Exemples : Tu pars ? ↗   Tu ne pars pas ? ↗

Avec un mot interrogatif, l'intonation dépendra de la place du mot interrogatif : en début ou fin de phrase.

Exemples : ↑ Quand pars-tu ?
↑ Quand est-ce que tu pars ?
Tu pars quand ? ↑

Des exercices seront nécessaires avec les débutants pour leur faire entendre la différence entre une phrase interrogative sans mot interrogatif et une phrase déclarative.

Exemple : Il vient demain. ↘   Il vient demain ? ↗

On leur fera entendre les deux phrases. Puis on en prononcera une des deux et on leur demandera de dire laquelle a été prononcée : question ou déclaration ?

▶ La phrase impérative

La phrase impérative se caractérise par la forte descente de la voix sur la dernière syllabe. Il y a un grand écart avec la syllabe précédente.

Exemple : Sortez immédiatement !

L'intonation a aussi une fonction expressive

Elle n'est pas linguistique mais extralinguistique. Elle indique les différents états d'âme de la personne qui parle : doute, confirmation, colère, indignation, surprise.

Dès le niveau A2, il faudra sensibiliser les apprenants à l'intonation expressive qui leur permettra de comprendre les sous-entendus que la voix trahit.

On l'étudie de plus en plus dans les manuels de niveau B1. Voir à ce propos Bérard E., Camier Y., Lavenne Ch., *Tempo 2*, Didier-Hatier, 1997 et Charliac L., Motron A-C., *Phonétique progressive du français, niveau avancé*, CLE International, 2006.

LA SYLLABATION

Il y a autant de syllabes qu'il y a de voyelles.

Aéroport :   [a|e|ʀo|poʀ]   → 4 syllabes

Ouvrir :   [u|vʀiʀ]   → 2 syllabes

Spectacle : [spek|takl]   → 2 syllabes

Chapitre 2 — La syllabe

Il existe deux sortes de syllabes, les syllabes ouvertes qui se terminent par une voyelle (CV) et les syllabes fermées qui se terminent par une consonne (CVC). Le français préfère les syllabes ouvertes. Toutes positions confondues, elles sont beaucoup plus fréquentes que les syllabes fermées : 80 % contre 20 %

LES CONSTRUCTIONS SYLLABIQUES

Voici les constructions syllabiques que l'on peut rencontrer en français.

Syllabes ouvertes				
CV	55,5 %	*Oui*	['wi]	
CCV	14	*Bien*	['bjɛ̃]	
V	10	*Un*	['ɛ̃]	
CCCV	1	*Trois*	['tʀwa]	
CCCCV	0,005	*J'crois*	['ʒkʀwa]	soit 80,55 %

Syllabes fermées				
CVC	13,5 %	*Zut*	['zyt]	
CCVC	2,5	*Flûte*	['flyt]	
CVCC	1,5	*Merde*	['mɛʀd]	
VC	1,3	*Elle*	['ɛl]	
CCVCC	0,3	*Presque*	['pʀɛsk]	
CCCVC	0,2	*Froide*	['fʀwad]	
VCC	0,1	*Halte*	['alt]	
CVCCC	0,04	*Perdre*	['pɛʀdʀ]	
CCCVCC	0,007	*J'tremble*	['ʒtʀɑ̃bl]	
CCCCVC	0,002	*J'croise*	['ʒkʀwaz]	
VCCC	0,001	*Ordre*	['ɔʀdʀ]	soit 19,45 %

Tableau 1. Distribution des structures syllabiques[1]

---

1. F. Wioland, *Prononcer les mots du français*, Hachette 1991.

LES GROUPES CONSONANTIQUES

Les syllabes peuvent avoir une certaine complexité qui demande donc aux apprenants de s'entraîner à prononcer certains groupes consonantiques. Voici une liste de mots utiles à avoir sous la main, avec les groupes consonantiques les plus fréquents en position initiale, intervocalique et finale, dans laquelle l'enseignant puisera pour faire travailler les apprenants, notamment asiatiques, leur système ne connaissant souvent que la syllabe simple CV. Comme les acteurs, les apprenants doivent acquérir certains mouvements articulatoires. Cette « mise en bouche » des groupes consonantiques ne peut se faire que par la répétition et l'imprégnation.

Groupes consonantiques à 2 consonnes

Ce sont les plus fréquents en français.

▶ Consonne + l

• En position initiale

Blanc, bleu, blond, blague, blouse, bloc, blé, blues.
Placard, plante, pli, plomb.
Glisse, glaive, gland, glace, globe, gloire, glu, glas.
Claque, classe, clou, clip, cloître, club, cloche, clan, clé, clown.
Flair, flaque, flèche, fleur, flore, flotte, flûte, flan.

• En position intervocalique

Aveuglante, sanglante, étrangler, régler, épingler, jongleur, église, réglisse.
Bouclé, porte-clefs, enclume, déclin, éclair, esclave, déclic, exclure, cyclone, réclame.
Souffler, ronfler, gifler, siffler, insuffler, désenfler, érafler.

• En position finale

mangeable	perméable	capable	fatigable
abordable	discutable	évitable	présentable
supportable	surmontable	habitable	équitable
lisible	prévisible	résistible	audible
faillible	possible	admissible	flexible

▶ Consonne + R

• En position initiale

Branche, bref, brie, broche, bru, bras, brave, brin, breton, brigand, brouillard, bravo, brossage, bronzage, braquage, brassage, brocante, britannique, bricolage
Craie, crêpe, crête, crise, crash, cran, crème, croix, croûte, cruche
Frais, fraude, frêle, fric, froc, froid, franc, frein, front, fruit, fruste, frère
Gramme, graisse, grappe, grêle, grève, griffe, gril, grog, groin, grotte, grue, grimpe, grand, grand-père, grand-mère, grands-parents, grand-oncle, grand-tante.

– Préfixe « pré » : précurseur, prédire, préjugé, préméditer, prématuré, prédécesseur, prédéterminé, prédestiné.
– Préfixe « trans » : transporter, transaction, transatlantique, transférer, transcrire, transgresser, transmettre, transpercer, transsibérien, transversal.

• **En position intervocalique**
– « Prendre » et ses dérivés : apprendre, désapprendre, comprendre, surprendre, entreprendre, se méprendre, reprendre, réapprendre, apprise, désapprise, comprise, surprise, entreprise, méprise, reprise, réapprise.
– « Preuve » et ses dérivés : prouver, approuver, désapprouver, éprouver, réprouver.
– Accroche, décroche, concret, secrète, démocrate, aristocrate, choucroute, casse-croûte/Souffrir, chiffrer, décoffrer, engouffrer, affreux, beau-frère, sang-froid.

• **En position finale**
Lugubre, insalubre, sobre, libre.
Septembre, octobre, novembre, décembre.
Timbre, équilibre, célèbre, calibre, membre, nombre, sombre.
– Suffixe « -âtre » : noirâtre, rougeâtre, verdâtre, albâtre, bleuâtre, douceâtre.
– Suffixe « -trice » : monitrice, opératrice, institutrice, examinatrice, lectrice, protectrice, actrice, directrice, dessinatrice, électrice.

▶ Le son [kt]

• **En positions finale et intervocalique**
District, collecte, correcte, dialecte, respecte, exact, entracte, impact, intact, distinct, actualité, bactérie, facteur, facture, pacte, tactique, secte, spectacle, dictature, dictée, dictionnaire, victime, victoire, docteur, nocturne.

▶ R + Consonne

• **En positions finale et intervocalique**
Herbe, cherche, observe, réserve, cirque, farce, large, carte, gendarme, alarme, remarque, épargne, écharpe, barbe, marche, porte, supporte, réconforte, lorsque, torche, porche, forme, gorge, corse, orgue, corne, yaourt, course, lourde, tourne, turc, nocturne, hurle.

▶ Le son [sk]

• **En position initiale**
Scandale, squelette, sketch, ski, scolaire, scotch, scout, square, scrupule, scrutin, sculpteur.

• **En position intervocalique**
Escabeau, escalade, escalier, escrime, escroc, esquisse, escompte, escorte.

• **En position finale**
Casque, fresque, kiosque, lorsque, disque, risque, gigantesque, pittoresque, romanesque, mollusque.

▶ Le son [sp]

• **En position initiale**

Spacieux, sparadrap, spécial, spectacle, spécifique, spirituel, splendide, spontané, sport, sprint.

• **En position intervocalique**

Asperge, aspirateur, aspirine, espace, espèce, espagnol, espion, espoir, esprit, espiègle.

▶ Le son [st]

• **En position initiale**

Statue, star, stand, stupide, stop, style, studio, stylo.

• **En position intervocalique**

Esthétique, estival, astuce, ustensile.

• **En position finale**

Pacifiste, anarchiste, gréviste, arriviste, fantaisiste, cycliste, garagiste, artiste, égoïste, dentiste, documentaliste, oculiste, optimiste, pessimiste, caricaturiste, fleuriste, juriste, touriste.

▶ Le son [sm]

• **Suffixe « -isme »**

Journalisme, nationalisme, terrorisme syndicalisme, somnambulisme, rhumatisme, idéalisme, particularisme...

• **Plus quelques mots isolés :** sarcasme, marasme, fantasme.

Groupes consonantiques à 3 consonnes

▶ Le son [stR]

Remarque : avec les apprenants travailler en dernier la position initiale, qui est la plus difficile.

• **En position finale**

Alpestre, rupestre, pédestre, semestre, trimestre, orchestre, terrestre, extraterrestre, sinistre, monstre, illustre.

• **En position intervocalique**

Séquestrer, encastrer, frustré, prostré, administré, enregistrer, estrade, astronome, astrologue.

• **En position initiale**

Strict, strictement, strident, strate, strass, stratégie, structure, strophe.

▶ **Le son** [skʀ]

Discrète, escrime, inscrire, prescrire, proscrire, souscrire, transcrire, manuscrit.

▶ **Le son** [ktʀ]

Spectre, doctrine, électrisse, électrique, électronique.

▶ **Consonne + le son** [ʀwa]

Froid, trois, croix, droite, froisser.
Endroit, hongrois, surcroît.

▶ **La graphie -ction** [ksjɔ̃]

Abstraction, contraction, distraction, infraction, rédaction, direction, transaction, soustraction, interjection, protection, correction.

L'ENCHAÎNEMENT CONSONANTIQUE

Un enchaînement est le passage d'une consonne finale toujours prononcée dans la première syllabe du mot suivant. *Exemple :* une amie → [y|na|mi]

Lorsqu'un mot se termine par une consonne et que le mot suivant commence par une voyelle, la consonne change de syllabe. Le français ne respecte pas le mot, ce qui entraîne une difficulté d'audition pour les débutants qui ont du mal à retrouver les lexèmes.

Exemples :
Il a froid : [i|la|fʀwa] → 1 enchaînement
Pierre est parti avec elle : [pjɛ|ʀɛ|paʀ|ti|a|vɛ|kɛl] → 2 enchaînements
Quel ami, quelle amie : [kɛ|la|mi] même prononciation → 1 enchaînement

Toutes les consonnes peuvent être impliquées dans un enchaînement.

LA LIAISON

« Je suis zému. – Vive Zému ! »
Marcel Cohen, *Nouveaux Regards sur la langue française*

Une liaison est l'apparition d'une consonne finale non prononcée dans la première syllabe du mot suivant. *Exemple :* un ami [ɛ̃|na|mi]

Le passage d'une voyelle à une autre se fait par l'intermédiaire d'une consonne latente qui se réalise seulement dans certaines conditions.

Il y a des liaisons avec [z], [t], [n], [p], [ʀ], [g] (plus rarement).

Exemples : Les enfants   → [lezɑ̃fɑ̃]
            Ils arrivent   → [ilzaʀiv]

Un grand homme.	→ [ɛ̃gʀɑ̃tɔm]
Les anciens élèves	→ [lezɑ̃sjɛ̃zelɛv]
Il y a beaucoup à faire	→ [iljabokupafeʀ]
Un léger accident	→ [ɛ̃leʒeʀaksidɑ̃]

Historiquement, la liaison est la survivance de quelques enchaînements de consonnes finales. Aujourd'hui, ces consonnes finales sont muettes dans les mots isolés, mais on les prononce encore si le mot qui suit commence par une voyelle.

La liaison facultative dépend du registre de langue utilisé par la personne qui parle. Plus le registre est familier, moins le locuteur fait de liaison.

Prononciation	Écriture	
[z]	s	les amis
	x	deux amis
	z	chez elle
[t]	t	un petit homme
	d	un grand homme
[n]	n	mon ami
[ʀ]	r	le premier étage
[p]	p	trop important, beaucoup à faire
[g]	g	un long hiver

Tableau 2. Les consonnes de liaison du français

Les liaisons peuvent être obligatoires, facultatives ou interdites

▶ Elles sont obligatoires après :

– les déterminants *les, aux, des, ces, mes, tes, ses, nos, vos, leurs, quelques, plusieurs, certains, (de) nombreux, quels, un, deux, trois, six, dix, aucun, mon, ton, son, tout ;*
– les prépositions *en, dans, chez, sans, sous.*
– les adverbes *très, moins, mieux, plus, bien, trop.*
– les pronoms personnels *nous, vous, ils, elles, on.*
– les verbes suivis d'un pronom personnel sujet quand il y a inversion du sujet ; (*exemples :* sont-ils… ? est-elle… ?) Dans les cas où il n'y a pas de consonne, on ajoute un « t » épenthétique : A-t-on… ?

▶ Les liaisons facultatives

Elles sont faites en situation de conférence, d'exposé devant un public ainsi que lorsque l'on récite des poèmes.

La liaison se fait à l'intérieur de groupe de sens, groupe nominal, groupe verbal, groupe prépositionnel. Pour les niveaux A1 et A2, on peut se contenter de cette règle. *Exemple :* U**n a**ncien avocat entend ouvrir le débat.

❱ Les liaisons interdites

Elles sont interdites dans les cas suivants :

– après le substantif : *La maison est grande* ;

– entre le nom et l'adjectif quand il est placé après le nom : *Une maison immense* ;

– après les interrogatifs « quand, combien, comment » : *Quand êtes-vous partis ?* Attention : dans « Comment allez-vous ? » la liaison est obligatoire car c'est une expression figée ;

– dans une interrogation lorsque le sujet pronom personnel est inversé : *Quand est-il arrivé ?* ;

– après la conjonction de coordination « et » : *Et en plus...*

Ces différentes situations sont résumées dans le tableau ci-dessous.

Liaison obligatoire	Liaison facultative	Liaison interdite
Déterminant + nom + adjectif *Les enfants* *Les autres enfants*	Nom pluriel + adjectif *Les enfants innocents*	Nom + adjectif + verbe *Un savant # anglais* *Sa maison # est là*
Pronom + verbe *Vous êtes* *On a faim* Verbe + pronom *Ont-ils...*	Verbe + verbe + préposition *Je suis allé* *Je vais essayer* *Je vais à Paris*	Inversion du pronom + verbe (question) *Qu'a-t-on # envoyé ?*
Préposition + déterminant (en, dans, sous, chez, sans) *Dans un an* *Chez elle* Adverbe (monosyllabe) + adjectif *Très utile* *Trop important* Conjonction *Quand il pleut* + dans l'expression *quand est-ce que... ?*	Préposition + déterminant, Adverbe (polysyllabe) + adjectif *Pendant un an* *Toujours utile*	Et *Lui et # elle* Quand, comment, combien (interrogatif) *Quand # est-il parti ?* *Comment # êtes-vous entré ?* *Combien # êtes-vous ?*
Expressions figées *Comment allez-vous ?* *Tout à coup* *De temps en temps*		Avant un *h* aspiré *En # haut, Le # huit* Après le chiffre *cent* *Le cent # unième* et avant les chiffres *un* et *onze* dans *# onze jours* ; *Donne m'en # un.*

Tableau 3. Les différentes liaisons

LE « E » INSTABLE

> « L'E muet qui tantôt existe, tantôt ne se fait presque point sentir qu'il ne s'efface entièrement et qui procure tant d'effets subtils de silences élémentaires et qui termine et prolonge tant de mots par une sorte d'ombre... »
>
> Paul Valéry, *Variétés III*

Son appellation est multiple : *e* muet, instable, caduc, schwa. C'est une voyelle au timbre fluctuant tantôt proche du [ø] tantôt du [œ]

Valeur phonologique

Le « e » instable a une valeur phonologique. Il permet par exemple d'opposer le singulier et le pluriel, le présent et le passé composé :

Le livre [ə]	s'oppose à	les livres [e]
Je finis [ə]	s'oppose à	j'ai fini [e]

Maintien du « e » instable

Dans certains cas le « e » instable est maintenu :

– quand il est précédé de plus d'une consonne prononcée dans un mot : appartement, vendredi, mercredi.

– dans un groupe de mots : *la table ronde, une perte sèche* ;

– devant un *h* aspiré : *le homard, le hall, le hamac* ;

– quand le pronom « le » suit le verbe : *prends-le, mets-le là* ;

– devant, *un, huit, onze* : *Je joue le un, le huit et le onze* ;

– en début de mot, en général, il est prononcé :

Demain il pleut mais *Il pleut d(e)main* sauf pour le pronom « je » : *J(e) rêve.*

Non prononciation du « e » instable

Le « e » instable ne se prononce pas :

– quand il est précédé d'une seule consonne : sam(e)di, un évén(e)ment ;

– en fin de mot : jouvr(e), À tabl(e) ! Prêt(e)-moi ton livr(e) ;

– si un mot est suivi d'une voyelle, (enchaînement) :

un exempl(e) intéressant *mais* un exemple drôle.

Mais, dans le discours, le maintien du « e » à l'initiale du mot est plus naturel que le maintien du « e » à l'intérieur du mot après une consonne.

Exemples :

à demain *ou* à d(e)main, au revoir *ou* au r(e)voir ;

mais chang(e)ment, sam(e)di **et non** changement, samedi.

Prononciation d'un « e » en absence de graphie

Dans certains cas un « e » apparaît à l'oral alors que la graphie ne le mentionne pas pour faciliter la prononciation.

C'est toujours pour ne pas avoir un groupe consonantique lourd :
À l'ouest-e-de la ville, un ours-e-blanc.

Présence de plusieurs « e » instables à la suite

Quand une phrase comporte plusieurs « e » à la suite, en général on prononce un « e » sur deux.

Exemple : « Je me le demande » est prononcé soit « je m'le d'mand' »
soit « j'mel'demand' »

En résumé, six règles fondamentales sont à acquérir par l'apprenant :
1. le « e » tombe lorsqu'il est en finale d'un mot ;
2. le « e » tombe quand il n'y a qu'une seule consonne devant lui ;
3. à l'initial il se maintient à l'exception du pronom personnel « je » ;
4. quand plusieurs syllabes avec un « e » se suivent, un « e » sur deux est maintenu ;
5. le « e » se maintient devant un « h » aspiré ;
6. le « e » se maintient quand le pronom « le » suit le verbe : « prends-le ».

LE PHÉNOMÈNE D'ASSIMILATION CONSONANTIQUE

Le phénomène d'assimilation consonantique, qui est d'ailleurs régressif en français, peut être traité conjointement avec le « e » instable. Quelques exercices sont fournis dans la fiche 5.

Lorsqu'une consonne sourde est précédée d'une consonne sonore, ou l'inverse, la seconde consonne assourdit ou sonorise la première, à la différence de l'anglais, par exemple qui est progressive.

Ainsi, « observer » devient [ɔp͡sɛʀve] alors qu'en anglais « *observe* » se prononce [ob͜zəʀv].

Ainsi,   « je pense » → [ʃpɑ̃s]
           « rez de chaussée » → [ʀetʃose]

Pour les consonnes sonores, (R, l, nasales, semi-voyelles) l'assimilation de surdité est progressive et régressive, surtout pour le R.

Il faudra commencer par les R sourds pour mieux faire comprendre la postériorisation de la consonne.

Exemple : parc [paʀk] (Voir fiche 20).

Chapitre 3 — Les voyelles et semi-voyelles

LES VOYELLES AU NIVEAU ARTICULATOIRE

Pour articuler les voyelles le passage de l'air est libre. Les cordes vocales vibrent.

Quatre traits articulatoires permettent d'opposer les voyelles

▶ Le lieu d'articulation

Il existe deux possibilités :
– soit la langue se masse vers la partie antérieure de la bouche, ce sont les voyelles dites palatales, antérieures ou d'avant ;
– soit la langue se masse vers la partie postérieure de la bouche, ce sont les voyelles dites vélaires, postérieures ou d'arrière.

▶ L'aperture de la bouche

Elle est définie par la hauteur de la langue par rapport au palais. Il y a quatre degrés : fermée/haute, mi-fermée/mi-haute, mi-ouverte/mi-basse, ouverte/basse.

▶ L'arrondissement des lèvres ou la rétraction

Les lèvres jouent un grand rôle en français. Elles sont non seulement arrondies mais souvent projetées en avant. Pour que ce mouvement se distingue bien il faut souvent que l'enseignant se place de trois quarts par rapport aux apprenants comme le font les orthophonistes avec les malentendants. Il existe une double série de voyelles antérieures : une avec les lèvres écartées non arrondies, une autre avec les lèvres arrondies. Toutes les voyelles postérieures sont arrondies.

▶ La nasalité

Lorsque la voyelle est dite « nasale », l'air passe par la cavité buccale mais aussi par la cavité nasale.

Description articulatoire des voyelles

Le français standard classique possède 15 voyelles. Mais deux d'entre elles sont en train de disparaître du français : le [ɑ] au profit du [a] et le [œ̃] au profit du [ɛ̃]. La 16ᵉ voyelle, le [ə] est réalisé soit [ø] soit [œ]. Tous les Français n'ont pas le même système phonologique. Il y a des variations géographiques ou sociales. Il est important que l'enseignant connaisse son idiolecte.

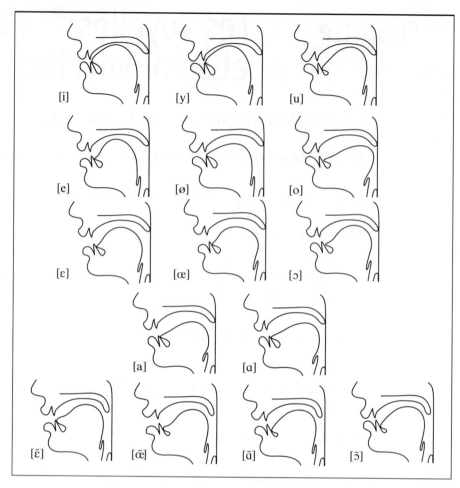

**Tableau 4. Description articulatoire des voyelles
du français standard classique (coupes sagittales)**[1]

On peut donc décrire les 13 voyelles à l'aide des quatre traits exposés plus haut.

[i] : voyelle antérieure, fermée, non arrondie, orale.

[y] : voyelle antérieure, fermée, arrondie, orale.

[u] : voyelle postérieure, fermée, arrondie, orale.

[e] : voyelle antérieure, mi-fermée, non arrondie, orale.

[ɛ] : voyelle antérieure, mi-ouverte, non arrondie, orale.

[ø] : voyelle antérieure, mi-fermée, arrondie, orale.

[œ] : voyelle antérieure, mi-ouverte, arrondie, orale.

[o] : voyelle postérieure, mi-fermée, arrondie, orale

[ɔ] : voyelle postérieure, mi-ouverte, arrondie, orale.

[a] : voyelle antérieure, ouverte, non arrondie, orale.

---

1. Leon, Bhatt, Baligand, *Structure du Français moderne*, Canadian Scholars' Press, Toronto, 1999.
D'après les cinéradiographies de A. Bothorel, P. Simon, F. Wioland, J.-P. Zerling, 1986.

[ɛ̃] : voyelle antérieure, mi-ouverte, non arrondie, nasale.

[ɑ̃] : voyelle postérieure, ouverte, arrondie, nasale.

[ɔ̃] : voyelle postérieure, mi-ouverte, arrondie, nasale.

Il y a donc beaucoup plus de voyelles antérieures que de voyelles postérieures (8/5). Il y a beaucoup plus de voyelles arrondies que de voyelles non arrondies (8/5).

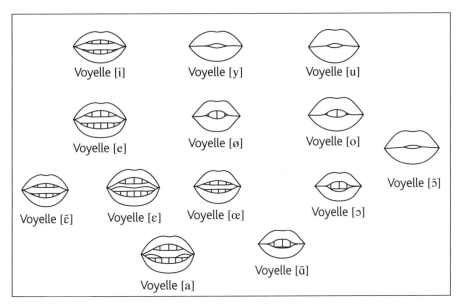

Tableau 5 : L'arrondissement ou le non-arrondissement des lèvres[1]
(description articulatoire)

La durée des voyelles

En syllabe fermée accentuée, sont allongées :

– toutes les voyelles nasales, [o] et [ø], quelque soit la consonne qui suit : mange [mɑ̃ːʒ], il ronfle [ʀɔ̃ːfl], mince ! [mɛ̃ːs], la côte [koːt], c'est neutre [nøːtʀ]

– les autres voyelles orales devant [ʀ], [v], [z], [ʒ].

la chose [ʃoːz], le port [pɔːʀ], je rêve [ʀɛːv], c'est rouge [ʀuːʒ].

Influence sur la correction phonétique

Il est important de connaître les traits qui caractérisent les voyelles au moment de corriger les apprenants, car si par exemple il se trompe entre [i] et [y], on peut très vite diagnostiquer qu'il fait une erreur d'arrondissement des lèvres, et agir en conséquence.

---

1. F. Wioland, *op. cit.*

De la même manière, s'il se trompe :

– entre [y] et [u], il a prononcé [u], c'est une erreur de lieu d'articulation ; il a relevé la langue à l'arrière du palais et non à l'avant.

– entre [e] et [ø], il a prononcé [e], il n'a pas fait l'arrondissement des lèvres.

– entre [a] et [ɑ̃] : il a prononcé [a] c'est-à-dire une voyelle orale et n'a pas fait passé l'air par la cavité nasale.

LES VOYELLES AU NIVEAU ACOUSTIQUE

Au niveau acoustique, les voyelles sont classées selon deux traits : aigu/grave ; tendu/lâche.

• Toutes les voyelles françaises sont **tendues**. En effet il n'existe pas de diphtongues en français. Le timbre est net.

• Le classement des voyelles **aiguës et graves** est en correspondance avec la grandeur de la cavité bucale. Plus la cavité est petite, plus le son est aigu, plus la cavité est grande, plus le son est grave.

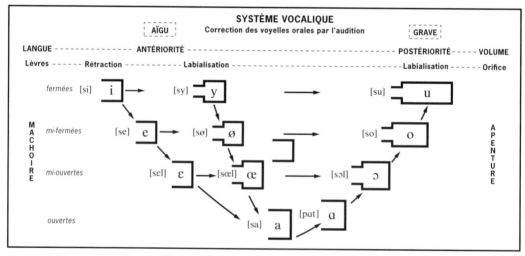

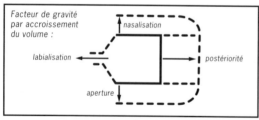

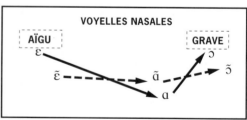

Tableau 6. Description acoustique des voyelles : le trait aigu/grave[1]

---

1. R. Renard, *Introduction à la méthode verbo-tonale de correction phonétique*, Didier, Paris, 1979.

Le [i] est le son le plus aigu du français.

Le [u] est le son le plus grave du français.

En ce qui concerne les voyelles intermédiaires, elles ont une répartition différente selon le type de syllabe, fermée (consonne voyelle consonne) ou ouverte (consonne voyelle).

Syllabe ouverte accentuée	Syllabe fermée accentuée
[e]/[ɛ] : *thé* ≠ *taie*	Toujours [ɛ] : *terre*
Toujours [ø] : *jeu*	[ø]/[œ] : *jeûne, jeune*
Toujours [o] : *saut*	[o]/[ɔ] : *saute, sotte*

En réalité, de plus en plus de Français ne font plus l'opposition entre [e]/[ɛ] dans une syllabe ouverte accentuée ; ainsi donc, ils ne distinguent plus « fée » de « fait », ni « poignée » de « poignet », ni « les » de « lait ». Cette disparition d'opposition a des répercussions sur la discrimination orale entre l'imparfait et le passé simple et entre le futur et le conditionnel. L'opposition « je chanterai [e] » et « je chanterais [ɛ] » disparaît. Les Français les prononcent de la même façon, soit tous les deux [e] soit tous les deux [ɛ]. Des répercussions apparaissent dans l'écrit (en particulier dans la presse) où la faute d'orthographe confirme de plus en plus l'absence de distinction phonologique.

L'opposition des autres voyelles résiste mieux. Et si quelqu'un ne la fait plus, l'articulation de la personne sera ressentie comme régionale et non standard.

Par exemple quand le chanteur Francis Cabrel chante « La dame de Haute Savoie » [ladamdœɔtsavwa], on comprend immédiatement qu'il est du sud de la France.

LES SEMI-VOYELLES AU NIVEAU ARTICULATOIRE ET ACOUSTIQUE

Il y a trois semi-consonnes ou semi-voyelles. Elles correspondent aux trois voyelles les plus fermées.

Par exemple [i] → [j] comme dans pied [pje] ;

[y] → [ɥ] comme dans lui [lɥi] ;

[u] → [w] comme dans Louis [lwi].

Les semi-voyelles sont stables.

Quand les apprenants ont des difficultés de réalisation de ces trois semi-voyelles, il est nécessaire de repasser par l'articulation de la voyelle correspondante. Si les apprenants ne prononcent pas le [y], ils ne prononceront pas *a fortiori* le [ɥ]. (Fiche 13)

Le [j]

Il a plusieurs origines (k, g + voyelles d'avant, fermeture des voyelles d'avant), et donc des graphies différentes.

y: noyer   **i**: pied   **ll**: feuille, paille

La graphie **ill-** est presque toujours prononcée [ij]: fille, pupille, gorille, scintille, vacille.

Quelques mots sont prononcés [il]: ville, tranquille, bacille, oscille, distille.

Le [ɥ]

▶ **u + voyelle**

Il peut être prononcé soit [y] soit [ɥ] quand il est suivi des différentes voyelles du français à l'exception de la voyelle [i].

Exemples: saluer [salye] → 3 syllabes **ou** [salɥe] → 2 syllabes saluons → [salyɔ̃] **ou** [salɥɔ̃]. Exception: huer.

▶ **u + i**

Il est alors toujours prononcé [ɥ]

Exemple: suis [sɥi], puis [pɥi]

Le [w]

▶ **La semi-voyelle est toujours prononcée [w] quelle que soit la voyelle qui la suit**

Exemple: Ouest [west]

Et cela reste vrai, même si le son est accompagné d'un groupe consonantique.

Exemple: trois [tʀwa]

▶ **Pour les verbes en « -ouer » seulement, on peut avoir les deux réalisations, soit la voyelle [u] soit la semi-voyelle [w]**

Exemple: Avouer → [avue] ou [avwe]

Quand le verbe en « -ouer » comporte un groupe consonantique avec ʀ et l, tels que « clouer » et « trouer », c'est la voyelle [u] qui est réalisée seulement.

Exemple: Il a été cloué sur place [klue].

Chapitre 4 — Les consonnes

En français, il y a 17 consonnes. Ce système consonantique, qui a peu évolué, intègre cependant aujourd'hui une nouvelle consonne occlusive nasale, le [ŋ], que l'on trouve dans les mots d'origine anglaise avec le suffixe **-ing**. Il est totalement intégré au français puisque des mots qui n'existent pas en anglais sont créés en français avec ce suffixe. *Exemple :* le caravaning.

Par contre le [ɲ] disparaît du français car on ne fait plus la différence entre la consonne palatale et le [n] palatalisé. Pour le vérifier il suffit de prononcer « nous peinions » ([n] palatisé) et « nous peignons » (vraie palatale), pour s'en rendre compte.

AU NIVEAU ARTICULATOIRE

Les consonnes s'opposent grâce à quatre modes et lieux d'articulation.

Le mode occlusif constrictif

▶ Les occlusives

Le passage de l'air est obstrué complètement un court instant puis réouvert et l'on entend une petite explosion. On les appelle aussi des explosives si on les décrit du point de vue acoustique. L'explosion ne pouvant être que très brève, ce sont des momentanées.

▶ Les constrictives

Le passage de l'air est rétréci. Un bruit de frottement caractérise ces consonnes qu'on appelle alors, d'après l'impression auditive, des fricatives. On peut les prolonger, à l'inverse des occlusives, et elles seront donc appelées continues. Les cordes vocales peuvent vibrer ou ne pas vibrer.

Le mode sourd / sonore

Toutes les occlusives et les constrictives peuvent être sonores ou sourdes, c'est-à-dire que les cordes vocales vibrent ou ne vibrent pas dans le larynx.

Le mode oral / nasal

Seules les occlusives peuvent être nasales. Le voile du palais s'abaisse et l'air passe aussi par les fosses nasales.

Le mode médian / latéral

Pour la majorité des consonnes, l'air passe par le canal médian de la langue. Mais pour une seule catégorie, l'air passe différemment : il s'écoule des deux côtés de la langue.

LES LIEUX D'ARTICULATION

Les occlusives

Pour les occlusives, il y a quatre lieux de fermeture :

• au niveau des lèvres, la lèvre inférieure vient se presser sur la lèvre supérieure.
[p] : occlusive, bilabiale, sourde
[b] : occlusive, bilabiale, sonore
[m] : occlusive, bilabiale, nasale

• au niveau des dents, la pointe de la langue vient toucher les incisives supérieures.
[t] : occlusive, dentale, sourde
[d] : occlusive, dentale, sonore
[n] : occlusive, dentale, nasale

• au niveau du palais, le dos de la langue vient se presser contre le palais mou (vélaire) ou le palais dur (palatale).
[k] : occlusive, vélaire, sourde
[g] : occlusive, vélaire, sourde
[ɲ] : occlusive, vélaire, nasale

Les constrictives

Pour les constrictives, il y a quatre lieux de resserrement :

• au niveau des lèvres et des dents (les labiodentales), les incisives supérieures viennent s'appuyer sur la lèvre inférieure.
[f] : constrictive, labiodentale, sourde
[v] : constrictive, labiodentale, sonore

• au niveau des alvéoles (les alvéolaires),
– le prédos de la langue vient toucher les alvéoles, la pointe de la langue est orientée vers le bas, ce qui diffère du « s » espagnol.
[s] : constrictive, alvéolaire, sourde
[z] : constrictive, alvéolaire, sonore
– la pointe de la langue touche les alvéoles et l'air passe de chaque côté de la langue.
[l] : constrictive latérale, alvéolaire, sonore

• au niveau du palais (les prépalatales), la langue se creuse, et touche de chaque côté les molaires.

[ʃ]: constrictive, prépalatale, arrondie, sourde

[ʒ]: constrictive, prépalatale, arrondie, sonore

• au niveau de la luette (les uvulaires), le dos de la langue vient toucher la luette.

[ʀ] : constrictive, uvulaire, sonore

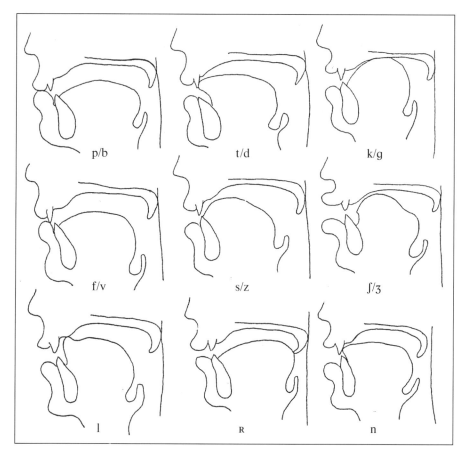

Tableau 7. Description articulatoire des consonnes orales du français (coupes sagittales[1])

AU NIVEAU ACOUSTIQUE

Les consonnes sont classées, elles aussi, comme les voyelles selon deux traits, aigu/grave et tendu/lâche.

---

1. Leon, Bhatt, Baligand, *op. cit.*

▶ Aigu/grave

Plus la cavité est petite, plus le son est aigu. Plus la cavité est grande, plus le son est grave.

▶ Tendu/lâche

Les consonnes occlusives sont plus tendues que les constrictives, du fait de l'énergie articulatoire de l'explosion des occlusives.

Les sourdes sont elles-mêmes plus tendues que les sonores correspondantes.

Petite cavité antérieure + AIGU		Cavité moyenne		Grande cavité postérieure + GRAVE		
s	t	ʃ		k	f	p
z	d	ʒ		g	v	b	R
	n					m
	l					

**Tableau 8. Classement acoustique des consonnes du français :
trait aigu et grave**

Le [s] est la consonne la plus aiguë du français.

Le [R] est la consonne la plus grave du français.

Chapitre 5 — De l'oral à l'écrit
Le code phonographique

Il est nécessaire pour enseigner la prononciation de pouvoir avoir un système de représentation clair où un son correspond à un seul symbole dans une correspondance bi-univoque.

Le système d'écriture du français de par son histoire et les choix qui ont été faits ne correspond pas du tout à cette exigence et un son peut avoir plusieurs graphèmes et un graphème peut correspondre à plusieurs phonèmes !

Exemples : [o] peut s'écrire → o, ô, au, eau comme dans → sot, saut, seau ; le graphème « en » se transcrit → [ã] dans « agence » et [ɛ̃] dans « agenda ».

De plus dans certaines langues qui utilisent le même alphabet que le français, l'alphabet latin, la correspondance graphie-phonie est différente. Ainsi une lettre comme le « u » qui se prononce [y] en français se prononce [u] par exemple en italien ou en anglais.

Un alphabet phonétique international (API) a été créé en 1886 à Paris. Vous le trouverez sur Internet, un site vous est donné en bibliographie. Il est indispensable de l'utiliser dans l'enseignement du français langue étrangère et seconde, pour lever les ambiguïtés de l'écriture de cette langue mais aussi pour permettre des rapprochements ou des oppositions avec les autres langues du monde. Il est important que l'enseignant le connaisse. Il est aussi important que l'apprenant le connaisse ; ce dernier prendra alors l'habitude de chercher un mot dans un dictionnaire, non seulement pour son sens, son genre mais aussi pour sa prononciation. Tous les dictionnaires utilisent l'API.

L'ALPHABET FRANÇAIS, L'ORTHOGRAPHE : UN PEU D'HISTOIRE

L'alphabet

L'alphabet français comporte 26 lettres aujourd'hui.

Vingt-trois lettres proviennent de l'alphabet latin qui lui-même vient du grec qui, lui-même, vient de l'écriture phénicienne.
a, b, c, d, e, f, g, h, i, k, l, m, n, o, p, q, r, s, t, u, v, x, z

Trois lettres ont été rajoutées : y, j, w, ainsi que les accents.

▶ La lettre « y »

Le « u/v » transcrivait en latin toujours le son [u] soit au début soit à la fin des mots. Le son [v] n'existait pas en latin. À partir de l'époque où l'on a distingué les deux lettres, la transcription du son [v] n'a posé aucun problème puisqu'il est toujours écrit comme il est réalisé.

La transcription de la lettre « u » est plus compliquée. Elle vient du « u » latin. Mais elle peut avoir aussi d'autres origines, notamment le [l] de l'ancien « ol ».

Exemples : cheval → chevaux ; chevelure → cheveux

La lettre « y » du grec a donc été introduite pour transcrire le [i] dans les mots d'origine grecque.

▶ Le « j »

En latin les lettres « i » et « j » étaient les variantes d'une seule et même lettre qui s'est prononcée différemment avec le temps et selon les contextes.

On écrivait « iadis » mais on prononçait [ʒadis].

Au XVIIIe siècle, l'Académie décide de différencier les deux lettres.

▶ Le « w »

Le « w » n'est emprunté qu'au XIXe siècle aux langues germaniques qui l'ont inventé. La compositon de l'alphabet est donc la suivante.

A	J : ji	S : ès
B : bé	K : ka	T : té
C : sé	L : èl	U
D : dé	M : èm	V : vé
E	N : èn	W : double vé
F : èf	O	X : iks
G : gé	P : pé	Y : i grec
H : ache	Q : ku	Z : zèd
I	R : èr	

▶ Les accents

Il y a 4 accents : aigu, grave, circonflexe, tréma qui apparaissent tardivement aux XVIIe et XVIIIe siècles.

La cédille se rajoute à c pour transcrire le son [s] au XVIe siècle.

L'orthographe

La langue française a été codifiée tardivement. Elle a choisi d'avoir une orthographe plutôt étymologique. Cette orthographe latinisante sera lourde de conséquences. C'est l'écrit de Villers-Cotterêts en 1539, sous l'impulsion de François Ier qui impose la langue nationale à toutes les écritures publiques.

Le premier dictionnaire de l'Académie française paraît en 1694, les éditions se succèdent rapidement : la seconde en 1718, la troisième en 1740, la quatrième en 1762, la cinquième en 1795. Un certain nombre de corrections sont effectuées : suppression de double lettres et de lettres qui ne se prononcent pas, ajout d'accents sur les voyelles, grave, circonflexe pour remplacer le « s ». À la sixième édition en 1835, on peut considérer que tous les gens cultivés communiquent avec la même orthographe et qu'elle devient définitive. Les deux prochaines éditions (1878, 1935) verront peu de changements.

Les Français aiment leur orthographe et la dernière révision en 1990 n'est dans les faits pas appliquée.

Numéro	Ancienne orthographe	Nouvelle orthographe
1	vingt-trois, cent trois	vingt-trois, cent-trois
2	un cure-dents des cure-ongle un cache-flamme(s) des cache-flamme(s)	un cure-dent des cure-ongles un cache-flamme des cache-flammes
3a	je céderai, j'allégerais	je cèderai, j'allègerais
3b	puissé-je, aimé-je	puissè-je, aimè-je
4	il plaît, il se tait la route, la voûte	il plait, il se tait la route, la voute
5	il ruisselle, amoncèle	il ruissèle, amoncèle
6	elle s'est laissée aller elle s'est laissé appeler	elle s'est laissé aller elle s'est laissé appeler
7	des jazzmen, des lieder	des jazzmans, des lieds

Tableau 9. Résumé des règles nouvelles

C'est une orthographe étymologique (latin et grec), grammaticale (il y a beaucoup plus de marques à l'écrit qu'à l'oral) et qui différencie les homonymes.

Cet écart entre la phonie et la graphie renforce la nécessité d'utiliser en classe l'alphabet phonétique international dont nous avons parlé précédemment.

LE CODE PHONOGRAPHIQUE

Les graphèmes des voyelles et semi-voyelles

Légende : V = voyelle, C = consonne.

Son	Graphies de base	Graphies secondaires
[i]	i : *lit* y : *style*	ï : *maïs* î : *île*

Son	Graphies de base	Graphies secondaires
[y]	u: *musique*	û: *sûr* uë: *aiguë* Exceptions: *avoir* au participe passé *eu* et au passé simple *eus, eut,...*
[u]	ou: *doux*	oû: *août* où: *où* Emprunts à l'anglais: u: *blues* oo: *foot, shooter*
[ɛ] [e]	**Toujours [e] CV** é: *été* er #: *aimer* ez #: *cherchez* es #: *ces* La norme [ɛ] est prononcée de plus en plus [e] ai: *mais* et: *bouquet* **Toujours [ɛ] CVC** e+C: *mer* ei+C: *seize* ai+C: *faire*	ée: *journée* La norme [ɛ] est prononcée de plus en plus [e] êt: *forêt* ès: *procès* ay: *tramway* ey: *trolley* ê+C prononcée: *enquête* è+C prononcée: *mère* ël: *Noël*
[ø] CV ou [œ] CVC [œj] [ø] ou [œ] CV	eu: *deux* œu: *cœur* c+ueil: *cueillir* g +ueil: *orgueil* e: *menu*	 œil
[o]	o: *dos* au: *chaud* eau: *peau*	ô: *tôt* exceptions: *oignon, encoignure* Emprunts à l'anglais: a: *football* oa: *toast*
[ɔ]	o: *port* au: *Paul*	Mots en « um » [ɔm]: *maximum, rhum*

Son	Graphies de base	Graphies secondaires
[a]	a: *classe*	â: *théâtre*
		à: *là*
		Exceptions:
	emment [am]: *évidemment*	*femme, solennel*
[ɛ̃]	in: *vin*	im: *impossible*
	yn: *synthèse*	ym: *symbole*
	ain: *pain*	aim: *daim*
	ein: *peindre*	
	ien: *bien*	en: *examen, agenda, benjamin,*
	éen: *européen*	*appendice*
		em: *sempiternel*
	un: *brun*	um: *parfum*
[ɑ̃]	an: *dans*	am: *chambre*
	en: *dent*	em: *exemple*
		aon: *faon, paon, taon*
		aen: *Caen*
[ɔ̃]	on: *donc*	om: *ombre*
[j]	y: *yaourt, payer*	
	i + V: *ciel, lion, miette*	
	V + il: *œil, deuil, paille*	C + ill + V: *billet*
		Exceptions: *ville, tranquille,*
		bacille, oscille, distille
[w]	ou+ V: *ouest, mouette*	Exception: *moelleux*
	w: *kiwi*	
[wa]	oi: *bonsoir*	oy: *moyen*
[wɛ̃]	oin: *loin*	exception: *poêle*
[ɥ:]	u + i: *lui*	uy: *appuyer*
[ɥe] ou [ye]	u + e, é: *tuer, tué*	
[ɥa] ou [ya]	u + a: *situation*	

Tableau 10. Les graphèmes des voyelles et semi-voyelles

Les graphèmes des consonnes

Son	Graphies de base	Graphies secondaires
[p]	p: *père*	pp: *appartement*
[b]	b: *bulle*	bb: *abbaye*
[t]	t: *table*	tt: *attendre*
		th: *thé*
[d]	d: *date*	dd: *addition*
[g]	g + a, o, u: *gare, gorge, aigu*	gg: *toboggan*
	g + r, l: *grand, gland*	
	gu + e, i, y: *guerre, guide,*	guê: *guêpe*
	Tanguy	

Son	Graphies de base	Graphies secondaires
[k]	c+a, o, u: *carte, cours, culte* qu: *qui* ch: *orchestre* k: *kilo*	cc: *occasion* cu+eil: *accueil* q #: *cinq* cq: *acquisition* ck: *stock*
[m]	m: *dame*	mm: *homme*
[n]	n: *nouvelle*	nn: *année*
[ɲ]	gn: *poignet*	
[f]	f: *café* ph: *phrase*	ff: *effacer*
[v]	v: *vie*	w: *wagon*
[s]	#s + V / C: *sac, style* C+s+V: *verser* V+s+C: *esprit* V+ss+V: *poisson* c + e, i: *ceci* ç +a, o, u: *français, façon, reçu* x: *soixante* ti+ voyelle: *notion, ambitieux*	c+y: *cycle* sc: *scène*
[z]	V+s+ V: *poison* z: *onze*	x: *deuxième*
[ʃ]	ch: *chat*	sch: *schéma* sh: *shampooing*
[ʒ]	j: *jamais* g+e, i: *gel, girafe* ge+a, o, u: *mangeait, mangeons, gageure*	gy: *gymnastique*
[l]	l: *livre*	ll: *aller*
[ʀ]	r: *rare*	rr: *arrêt*

Tableau 11. Les graphèmes des consonnes

Fréquence des graphèmes

Il y a des graphèmes fréquents et des graphèmes moins fréquents. Il faut surtout travailler au début les quarante-cinq graphèmes de base pour transcrire les trente-trois sons du français[1].

Il est important de connaître la fréquence d'un graphème pour savoir s'il est important de l'apprendre aux apprenants.

---

1. *Cf.* Nina Catach, *L'Orthographe*, PUF, 6e éd., 1995.

Consonnes (les consonnes doubles et les lettres muettes ont été décomptées à part)		
Archigraphèmes	Graphèmes de base	% d'utilisation
P	p	100
B	b	100
T	t	99
D	d	100
C	c + qu	98
G	g + gu	100
F	f	95
V	v	100
S	s + ss	69
	(c) + ç	26
Z	(s intervocalique)	90
	z	10
X	x	84
CH	ch	100
J	j	49
	(g) + ge	51
L	l	100
R	r	100
M	m	100
N	n	100
GN	gn	100

Tableau 12. Les graphèmes les plus fréquents du français

Voyelles			
Archigraphèmes		Graphèmes de base	% d'utilisation
A		a	92
E	[e]	e + é	99
	[ɛ]	(e) + è	68
		ai	30
I		i	99
O		o	75
		au	21
		eau	3
U		u	100
EU		eu	93
		(e)	
OU		ou	98
AN		an	44
		en	47
IN		in	45
		(en)	47
ON		on	92,8
UN		un	97
Semi-voyelles			
OI		oi	100
OIN		oin	100
IL(L), Y		(i)	86
		ï	
		il(l)	10
		y	3

La prononciation des consonnes finales

Graphies	Consonne finale muette	Consonne finale prononcée
c	Le flanc, le banc, il vainc, l'estomac, le tabac, le porc, l'escroc, l'accroc, le marc	Avec, le sac, le choc, le bac, le lac, le parc, l'arc, le mec, sec
d	Le nid, le nœud, le pied, le fond, en retard Adjectifs masculins : froid, rond, blond,... Le « d » terminaison verbale de la 3ᵉ personne du présent de l'indicatif : il prend, il fond	Le sud, Alfred, Madrid
f	La clef, le nerf, le cerf, les œufs, les bœufs	Actif, passif, massif, rétif, bref, le tuf, sauf, la nef, le chef, l'œuf, le bœuf
g	Le sang, l'étang, le joug Adjectif masculin : long	Le grog, le gang, le gong

Graphies	Consonne finale muette	Consonne finale prononcée
k		*Le bifteck, le stock*
l	*Gentil, l'outil, le fusil*	*Le fil, le cil, le sourcil, le Nil, le bal, le cheval, en général, le rival, avril, le gel, le sel, le vol*
m	*Le nom, le parfum, Adam, la faim*	*Le tram, le macadam, l'intérim, le maximum, le minimum*
n	*Non, bon, le nain, plein, rein, sain, le vin, la fin, le plan*	*Le gentleman, le spécimen*
p	*Beaucoup, trop, le coup, le galop, le camp, le champ, le drap*	*Le cap, le cep, le handicap* Interjections : *stop, hop !, hep !*
q		*Le coq, cinq*
r	Verbes : infinitif en -er (*danser*) Noms et adjectifs masculins avec le suffixe en -er : *boucher, boulanger, léger, premier, dernier*	Majoritairement des monosyllabiques : *hier, cher, fier, le fer, le ver, la mer, la chair, par, pour, le tour, la fleur, la sœur, le cœur, amer, le cancer, l'hiver*
s	Le « s » du pluriel (déterminants et noms) : *le̱s livre̱s* Le « s » terminaison du présent de l'indicatif 1ʳᵉ et 2ᵉ personnes : *je lis, tu es, je prends* + quelques mots : *mais, le repos, le grès, le dos* Adjectifs masculins : *gris, gros*	*Le fils, mars, l'ours, la vis, l'os, le maïs, bis*
t	Adjectifs masculins : *plat, petit, droit, vert, cuit, coquet,...* *Bientôt, tôt* *Le bouquet, la forêt, le chant, le bout, le trot, le lait, la nuit, le fait divers, le front* Le « t » terminaison de la 3ᵉ personne singulier/pluriel : *ils chantent, ils sont, il faut, il sort, il veut*	*Net, mat, l'est, l'ouest, brut, sept, huit, août, le fait, la dot, le but*
x	*Le prix, la voix, le choix, la noix* Adjectifs masculins : *faux, creux, vieux, roux...*	*L'index, le box*
z	*Chez, le nez,* Le « z » terminaison de la 2ᵉ personne du pluriel : *allez !, vous sortirez*	*Le gaz*

Tableau 13. Les consonnes finales prononcées ou muettes

Lettre plutôt pas prononcée	Lettres plutôt prononcées	Lettres prononcés ou non
d	q	c
t	k	f
s	l	g
z	r (sauf dans l'infinitif des verbes)	m
x	p	
n		

Tableau 14. Résumé

Les consonnes en finale de mot peuvent être prononcées ou non, surtout lorsqu'il s'agit de mots monosyllabiques.

On essayera de dégager, en classe, des règles assez générales pour les débutants malgré la complexité du problème.

On constate actuellement une tendance à prononcer certaines consonnes finales qui avant ne l'étaient pas : but [byt], août [ut], un fait [fɛt].

Le cas du mot « plus »

▶ « Plus » est une négation

Il existe alors deux prononciations

• [ply], est dans ce cas la réalisation la plus fréquente. Elle constitue la norme de manière à éviter toute ambiguïté avec le mot « plus » voulant dire « davantage ».

Exemple :
Je n'en veux plus (= j'en ai assez) [ply]

Ceci est particulièrement nécessaire puisque, en langue courante ou familière, il y a disparition de la première partie de la négation.

Exemple :
J'en veux plus [jãvœply] (j'en ai assez) est différent de
J'en veux plus [jãvœplys] (j'en veux davantage).

• [ply], ou [pluz]
Après la négation « plus », on peut faire une liaison (bien qu'elle soit facultative). On entend alors [pluz]

Exemples :
Il n'habite plus ici [ilnabitplyzisi]
Il n'a plus aucun ami [ilnaplyokɛ̃nami]

▶ **« Plus » signifie davantage, est utilisé dans le comparatif ou le superlatif**

Il y a trois prononciations possibles : [ply], [plus], [pluz]

• [plus]

C'est la plus fréquente. Cette prononciation concerne surtout l'adjectif « plus » en position isolée.

Exemples :

J'en veux **plu**s.

Cette voiture consomme deux fois **plu**s.

Ce que j'aime le **plu**s dans cette histoire, c'est la fin.

• [ply]

Cette prononciation correspond à l'expression du comparatif ou du superlatif par « plus » suivi d'un mot commençant par une consonne.

Exemples :

Il est **plu**s grand que sa sœur

C'est le **plu**s facile

• [pluz]

Cette prononciation correspond à l'expression du comparatif ou du superlatif par « plus » suivi d'un mot commençant par une voyelle. La liaison est alors obligatoire.

Exemple :

C'est la période la **plus** heureuse de sa vie

La lettre « x »

Il est nécessaire de travailler le rapport graphie/son de cette lettre puisque cinq cas se présentent. Elle peut se prononcer [ks] ou [gz], [s] ou [z] ou être muette.

Ce corpus vous est donné pour vous aider à élaborer les règles avec les apprenants en fonction de leur niveau de compétences en langue.

Cette règle peut se résumer comme suit :

▶ **X → [ks]**

Luxe	taxi	axiome	boxe	Félix
Axe	flexion	anxiété	oxygène	lynx
Maxime	convexe	maxillaire	textile	larynx
Alexandre	dextérité	auxiliaire	bissextile	pharynx

▶ **X à l'initiale + voyelle → [gz]**

Xavier	xénophobe	xenophile	xylophone

▶ **EX → [ks]**

Excès	externat	extra	extrait	exception
Expatrié	excessif	exposition	expérience	extrémité
Exclamation	excédent	exprès	exclure	expiation
Extravagance	expansion	exploser		
Explication	exploration	expédié	excitation	
Expression	expulsion	extérieur	exécutif	
Exterminer	expertise	extraordinaire	extirper	
Extraction	exclusif	expertise	extincteur	
Excommunier	excellence	excroissance	exceptionnel	
Extrêmement	excédentaire	exploitation	excursion	
Extorquer	exciter	s'exclamer	exquis	

▶ **EX → [gz]**

Exécrable	exempter	exaspération	existant
Exiger	exubérant	exaltation	examen
Exemplaire	exagérer	exorbitant	existence
Exotique	exonérer	exacerbé	exulter
Inexistant	préexistant	inexorable	

▶ **(H)EX(h) + voyelle → [gz]**

Exhaler	exhorter	exhiber	exhumer
Hexagone	hexamètre		

▶ **X → [-]**

Voix	paix	fiévreux	prix	taux	doux	choix
Courroux	flux	mieux	noix	crucifix	veux (-tu)	

Les pluriels en « x » : bijoux, châteaux, niveaux...

▶ **X → [s] ou [z]**

• Pour les cas des chiffres « six » et « dix »[1], il y a trois possibilités :
– six ou dix + voyelle : [z]. *Exemple :* dix heures, six heures
– six ou dix + consonne : [-]. *Exemple :* dix livres, six livres
– en finale absolue # : [s]. *Exemple :* le dix, le six.

• Pour les chiffres dérivés :
[z] : sixième, dixième, deuxième, deuxièmement...
en [s] : six, dix, soixante, soixante-dix.

---

1. *Cf.* fiche n° 19.

La lettre « h »

On fait la distinction entre le **h** « muet » et le **h** « aspiré ».

• Quand il est dit « muet », c'est un signe purement orthographique qui ne correspond à rien sur le plan phonétique. Le mot se comporte comme s'il commençait par une voyelle. C'est le cas des mots d'origine latine ou grecque.

Il y a enchaînement consonantique ou liaison et élision de la voyelle de l'article :

Les hôpitaux [lezopito]
Quel hôpital [kəlopital]
L'hôpital [lopital]

• Quand le **h** est « aspiré », la consonne ne se prononce pas mais elle joue son rôle d'obstacle et empêche enchaînement, liaison et élision. C'est le cas des mots d'origine essentiellement germanique. Il y a une cinquantaine de mots fréquents à connaître.

Pour apprendre ces mots, il est nécessaire de faire une activité lexicale de manipulation des mots qui permettra aux apprenants de faire travailler leur mémoire (fiche n° 19).

Hache	Hareng	Hiérarchie
Hacher	Harceler	Hochement
Haie	Hargneux	Hocher (la tête)
En haillons	Harnais	Hollande
Haïr	Harpe	Homard
Haine	Hasard	Hongrie
Hâle	Hâte	Honte
Halles	Hausse	Hoquet
Halo	Haut	Hors-d'œuvre
Halte	Haut-parleur	Hotte
Hamac	Hauteur	Housse
Hameau	Hautain	Hublot
Hamster	Hayon	Huer
Hanche	Hérisson	Huit
Hangar	Héros	Hululer
Hanté	Hibou	Hurler
Hantise	Hideux	Hutte

Tableau 15. Liste des mots les plus fréquents avec « h » aspiré

• En présence d'un « h » aspiré à l'initiale :
– il y a enchaînement vocalique
La haine [laɛn]   Les héros [leeʀo].
– le « e » muet est prononcé
Quelle honte [kɛlœ̃t] !

• À l'intérieur des mots il n'y a pas de distinction entre aspiré et muet. Dans ce cas, les voyelles sont prononcées séparément : une trahison [yntʀaizɔ̃].

Chapitre 6 — Les méthodes de correction phonétique et les différents moyens

> « Pour apprendre à prononcer, il faut des années, des années. Grâce à la science, nous pouvons y parvenir en quelques minutes. »
>
> Ionesco, *La Leçon.*

Eugène Ionesco plaisante bien sûr, mais nous allons montrer qu'il est possible d'aider les apprenants à améliorer leur audition et leur prononciation du français grâce à la connaissance des phénomènes articulatoires et acoustiques auxquels ils sont liés.

Nous allons présenter les trois méthodes de correction phonétique dans leurs grands principes puis, pour simplifier, nous ferons une synthèse de ces trois méthodes en les regroupant à travers douze moyens que l'enseignant peut utiliser. En effet, en classe, le professeur a besoin de trouver rapidement quel(s) est/sont le(s) moyen(s) le(s) plus efficace(s) face à l'erreur de l'apprenant.

Il faut partir toujours de la faute de l'élève, c'est-à-dire de la façon dont ce dernier a prononcé. La connaissance du phonétisme de la langue maternelle de l'apprenant aidera aussi à l'analyse de la prononciation erronée de l'apprenant puisque la majorité des erreurs sont interlinguales. L'enseignant francophone dans une classe multilingue aura intérêt à se renseigner sur le phonétisme des langues maternelles de ses apprenants. La majorité des erreurs phonétiques est liée au crible phonologique que l'apprenant a mis en place quand il a appris sa langue maternelle. Ce crible est mis en place très tôt, dès l'âge de 10 mois.

Il y a trois grandes méthodes de correction phonétique. Ces trois méthodes de correction doivent être utilisées pour les avantages qu'elles apportent. Elles ont, chacune, des points forts sur lesquels l'enseignant s'appuiera. Nous compléterons par des moyens sensorimoteurs.

LA MÉTHODE ARTICULATOIRE

Elle est utilisée depuis très longtemps. Elle se fonde comme son nom l'indique sur les caractéristiques articulatoires propres à chaque son que l'enseignant doit connaître. Souvent les manuels de phonétique sont accompagnés de coupes sagittales qui montrent bien à l'apprenant et à l'enseignant le chemin entrepris par l'air et la position des organes pour une articulation donnée. Elle s'appuie sur un apprentissage intellectualisé qui essaie de mettre en place les mouvements nécessaires à une bonne articulation. On peut lui reprocher de ne pas tenir compte des phénomènes de compensation que chaque individu peut trouver par lui-même pour arriver au même résultat acoustique.

On peut l'utiliser surtout lorsque les mouvements articulatoires sont contrôlés par le locuteur.

Exemple 1 : l'arrondissement ou le non-arrondissement des lèvres

Tout locuteur d'une langue s'aide pour comprendre les propos de quelqu'un du mouvement des lèvres de celui qui parle et notamment en français puisque l'arrondissement, et parfois la projection des lèvres, sont présents dans les 2/3 des voyelles et presque la moitié des consonnes et semi-consonnes du français.

Ainsi, si un étudiant prononce « voitire » au lieu de « voiture », il est utile de lui montrer l'avancée des lèvres, importante pour le [y] et qui n'existe pas pour le [i].

Exemple 2 : la nasalité

L'apprenant prend conscience de la nasalité vocalique en imitant le professeur. Celui-ci fait une pression avec les doigts sur le nez en prononçant une voyelle orale [a] et une voyelle nasale [ã] puis en prononçant la consonne nasale [m] et la consonne orale [b], consonnes nasale et orale qu'il connaît bien. L'impression auditive est différente puisque si je bouche le nez, il n'y aura aucune conséquence sur le [b] et le [a] alors qu'il y en aura une sur le [m] et le [ã]. La nasalité existe dans tous les systèmes consonantiques du monde mais non la nasalité vocalique. Il faut créer l'abaissement du voile du palais, mouvement inconscient, en s'appuyant sur un mouvement déjà acquis par l'apprenant avec les consonnes pour le transposer sur les voyelles.

La correction articulatoire est assez impuissante devant des phénomènes comme l'avancée ou le recul de la langue que l'apprenant a du mal à maîtriser. Il faut utiliser un autre moyen si un étudiant se trompe entre [ɛ̃] et [ɔ̃], par exemple l'intonation (voir Moyens, p. 57).

LA MÉTHODE DES OPPOSITIONS PHONOLOGIQUES

Il faut connaître le système phonologique du français actuel (prosodie, voyelles et consonnes) et ses variantes géographiques et sociales. Les chapitres 3, 4 et 5 du livre font le point sur le français tel qu'on le parle aujourd'hui. L'avantage de cette méthode réside essentiellement dans le fait de relier son et sens. Parmi les erreurs faites par les apprenants, il faut corriger en priorité les erreurs phonologiques et laisser pour plus tard les erreurs phonétiques. Il faut privilégier les différences de sons qui font des différences de sens.

Exemple : [y] prononcé [u] entraîne des incompréhensions, alors que le [ʀ] prononcé [r] ne gênera pas la compréhension du message.

Cette méthode relie donc phonologie et morphologie d'une part et phonologie et vocabulaire d'autre part. Elle insiste sur les phonèmes servant de marqueurs morphologiques et lexicaux que les apprenants devront acquérir s'ils veulent comprendre une structure, un lexème et se les approprier.

Exemple : le déterminant « le » au masculin et « les » au pluriel. En français, la plupart du temps, la marque du pluriel n'existe pas à l'oral sur le substantif mais seulement sur la voyelle du déterminant : Prends **le** livre/Prends **les** livres. Il y a une seule marque à l'oral alors qu'il y a deux marques à l'écrit. De plus, en général, le déterminant n'est pas accentué, ce qui rend plus difficile son audition puisque les syllabes inaccentuées sont un peu moins longues que les syllabes accentuées.

LA MÉTHODE VERBO-TONALE OU MÉTHODE ACOUSTIQUE

Cette méthode part du principe que l'apprenant prononce mal parce qu'il entend mal. Elle va donc mettre en place un ensemble de stratégies pour qu'il puisse entendre mieux et donc en conséquence prononcer mieux. Elle commence par l'acquisition du rythme et des schémas mélodiques qui aident à l'acquisition des sons.

Peter Guberina a mis au point dans les années 1960 cette rééducation auditive avec des malentendants au départ. Puis il a élargi son domaine aux apprenants d'une langue étrangère qui avaient une surdité phonologique et non une surdité pathologique.

Notre perception des sons est conditionnée par notre système phonologique. Un « crible phonologique » nous empêche de percevoir correctement les sons de la langue étrangère apprise. Il faut donc rééduquer l'oreille en s'appuyant sur les zones de fréquence les plus entendues à l'aide du corps et des procédés sensoriels. On peut parler d'intégration corporelle, dénomination proposée par Massia Kaneman-Pougatch dans un article du *Français dans le monde*.

Dans cette méthode, la priorité est donnée à la prosodie.

L'intonation, l'entourage vocalique ou consonantique, la position dans le mot, la prononciation nuancée sont les quatre grands procédés mis en œuvre.

On considère que les erreurs proviennent d'une mauvaise interprétation des deux traits aigu/grave et tendu/lâche. Il faut corriger en faisant l'inverse de l'interprétation fautive.

Il faut donc connaître le tableau des voyelles et des consonnes aiguës et graves et tendues/lâches (tableaux 6 et 8).

• Ainsi pour corriger une voyelle entendue trop grave ([y] prononcé [u]), on utilisera une intonation montante dans une construction autour de consonnes aiguës [s], [t].

• Et pour corriger une voyelle entendue trop aiguë ([y] prononcé [i]) on utilisera une intonation descendante et des consonnes graves [b], [m].

• Pour tendre une consonne, comme par exemple une occlusive sourde prononcée sonore : [b] au lieu de [p] : *Je vais à Paris* prononcé [baʀi], la correction consiste à placer ou à garder la consonne en position initiale et à la faire attaquer fortement, avec un intonation montante : *Vive Paris !*

• Pour relâcher une consonne, si l'apprenant a prononcé une mi-occlusive au lieu d'une constrictive, comme par exemple [tʃ] au lieu de [ʃ] : *Dans ma chambre*, prononcé [dãmatʃãbʀ], il faut procéder par étape, en maintenant tout d'abord la consonne en position finale avec une intonation descendante : [dãmaʃʃʃʃʃ], puis continuer [dãmaʃʃʃã] [dãmaʃʃʃãbʀ] et finir en revenant au contexte de départ.

LES DOUZE MOYENS POUR CORRIGER LES APPRENANTS

Pour aider l'enseignant à corriger phonétiquement les apprenants, il nous semble judicieux de présenter une liste récapitulative des différents moyens qui sont à sa disposition et qu'il choisira d'utiliser selon le type d'erreurs commis et aussi en fonction de sa personnalité. En effet certains enseignants se sentent plus à l'aise avec certains moyens plutôt qu'avec d'autres.

1. La discrimination auditive

Les exercices de discrimination auditive sont liés à la méthode des oppositions phonologiques. Ils sont dans toutes les méthodes de FLE. Ils mettent le doigt sur ce qui pose problème. En effet au début les apprenants n'entendent pas les sons qui n'existent pas dans leur système phonologique et les confondent avec le son le plus proche qui existe dans leur langue. Ces exercices servent, au début, à détecter les oppositions de sons mal entendus. Puis dès que l'apprenant commence à faire la distinction, on continue à les utiliser, mais cette fois-ci, pour renforcer la distinction.

▶ Les voyelles

Il faut travailler les voyelles,
– en syllabe accentuée et en syllabe inaccentuée,
– en syllabe ouverte et en syllabe fermée,
– longues ou brèves : la durée des voyelles n'est pas phonologique mais phonétique, elle est de position.

Partant du fait qu'on entend mieux une voyelle longue qu'une voyelle brève, un son accentué qu'un son inaccentué, pour faire mieux entendre les voyelles nasales du français, on commencera par une liste de mots où la voyelle nasale est en syllabe fermée et accentuée.

Car en français les voyelles nasales sont toujours longues en syllabe fermées (CVC) accentuées mais ne le sont pas en syllabes ouvertes (CV).

C'est pourquoi, par exemple, cet exercice de discrimination…

[ɛ̃]	[ɑ̃]	[ɔ̃]
Pince	Pense	Ponce
Teinte	Tente	Tonte
Mainte	Menthe	Monte
Feinte	Fente	Fonte
Quinte	Kant	Conte
Rince	Rance	Ronce

… sera fait avant celui-ci :

[ɛ̃]	[ɑ̃]	[ɔ̃]
Pain	Paon	Pont
Teint	Temps	Ton
Main	Ment	Mon
Faim	Faon	Font
Vin	Vent	Vont
Sein	Sang	Son

▶ Les consonnes

Il faut travailler les consonnes difficiles pour l'apprenant, dans les trois positions : initiale, intervocalique et finale. En effet, dans certaines langues les sons n'existent pas dans toutes les positions et une ou des difficultés pourront apparaître avec une consonne dans une position inhabituelle pour certains.

Exemple : en anglais, le [ʒ] n'existe qu'à l'intervocalique et à la finale. À l'initiale, c'est la prononciation [dʒ]. En français, c'est [ʒ] dans les trois positions.

Il existe alors deux possibilités de déroulement pour ces exercices de discrimination.

L'enseignant commence toujours par faire écouter toutes les formes de l'exercice aux apprenants pour qu'ils s'imprègnent des trois sons en opposition les uns après les autres. Cette étape se déroule sans avoir l'écrit sous les yeux. Puis l'enseignant peut choisir :

– de n'en dire plus qu'un de chaque ligne :

• Vous allez entendre 6 mots. Quel son entendez-vous dans chaque mot : [ɛ̃], [ɑ̃] ou [ɔ̃] ?

– de les dire tous les trois mais dans un ordre variable :

• Dans quel ordre entendez-vous [ɛ̃], [ɑ̃] ou [ɔ̃] dans les mots suivants : 2, 1, 3 ou 3, 2, 1 ou 1, 3, 2…? Écrivez.

Les exercices de discrimination auditive peuvent demander un choix binaire ou ternaire comme l'exercice proposé ci-dessus. Ils peuvent aussi demander le nombre de fois où le son est entendu.

D'autres exercices peuvent porter sur la prosodie :

• La phrase est-elle interrogative ou déclarative ?

• Déterminez l'intonation expressive ; exprime-t-elle le doute, la colère ou la déception ?

Les textes lacunaires et les reconnaissances de sons ou de mots font aussi partie du travail sur l'audition.

2. La prononciation déformée

Ce moyen est lié à la méthode acoustique (*cf.* tableaux 6 et 8 p. 30 et p. 36).

Il s'agit ici de prononcer un son déformé à l'opposé du son sur lequel l'apprenant se trompe.

Par exemple si l'apprenant produit [u] au lieu de [y], faites-lui prononcer un [y] plus proche de [i].

3. La tension / le relâchement

En français, toutes les voyelles sont tendues : il n'y a pas de diphtongue.

Pour les consonnes, les occlusives sont plus tendues que les constrictives (*cf.* tableau 8)

On fera donc travailler la tension ou le relâchement corporels pour bien prononcer.

Par exemple pour le R, la consonne du français la plus relâchée, faites décon-
tracter tout le corps, les épaules, les bras.

4. La labialité

Se reporter aux tableaux 5 et 7 pages 29 et 35 : description articulatoire des
voyelles et des consonnes. On peut utiliser deux techniques.

• La labialité avec production de son.
Cela consiste à travailler l'exagération de l'arrondissement et de la protrusion
des lèvres si l'apprenant ne l'a pas fait. Souvent la labialité est moins prononcée
dans leur langue et les lèvres sont plus neutres. Mais il faut faire attention au
blocage culturel ou à la timidité de certains qui empêchent parfois de bien réaliser cette activité.

• La labialité sans production de son.
L'opération consiste à prononcer la phrase sans émettre aucun son, seulement
avec le mouvement des lèvres. L'apprenant est alors obligé de s'exercer à lire sur
les lèvres.

Exemple : pour bien montrer aux hispanophones la différence entre la bilabiale [b] et la labiodentale [v], le professeur articule sans émission de son
« Je bois » et « Je vois ».

L'apprenant doit deviner la phrase prononcée par le professeur grâce à la position différente des lèvres :
– « b » : les deux lèvres entrent en contact,
– « v » les dents du haut touchent la lèvre inférieure (voir le tableau 7 page 35).

Cela peut devenir un jeu phonétique, si on le fait aussi prononcer par un ou
plusieurs apprenants.

5. L'intonation et le trait grave et aigu

On utilise l'intonation pour corriger les erreurs sur les voyelles et les consonnes (*cf.* les tableaux 6 et 8 pages 30 et 36 des traits aigu et grave des voyelles
et des consonnes).

Si un son est entendu trop aigu, il faut corriger en le faisant prononcer avec
une intonation descendante.

Si un son est entendu trop grave, il faut corriger en le faisant prononcer avec
une intonation plus aiguë. (Voir la méthode verbo-tonale page 53).

6. La durée

Cette méthode de correction conduit à exagérer la durée d'un son pour mieux
le faire entendre. Pour cela il convient de prononcer des mots ou un texte en

obligeant à hésiter (voir fiche 24, Activité 3). En effet, en français, quand on hésite, on allonge la voyelle pour gagner du temps, avant de faire « euh... ». *Exemple :* Je ne sais paaaaaaaaaas, euh...

7. La position dans le mot

Ce moyen peut s'appliquer aux voyelles comme aux consonnes (cf. le tableau du trait tendu et lâche des consonnes) ; rappelons qu'en français toutes les voyelles sont tendues.

Si un son est produit trop tendu, le faire répéter en le plaçant en position finale.

Au contraire si un son est trop lâche, le mettre en position initiale.

Ceci est particulièrement utile lorsque des constrictives sont prononcées mi-occlusives, par exemple : [tʃ] au lieu de [ʃ] (*cf.* plus haut page 54) ou [dʒ] au lieu de [ʒ].

8. L'entourage vocalique ou consonantique

Selon l'erreur commise l'enseignant est amené à proposer de changer de consonne ou de voyelle pour rendre le son plus aigu ou plus grave.

Rappelons qu'une consonne aiguë + une voyelle aiguë → voyelle aiguë ; une consonne grave + une voyelle aiguë → voyelle moins aiguë.

Exemple : si « il a bu » est prononcé par l'apprenant [ilabu], c'est que le [b] est grave et qu'il a rendu le [y] plus grave. La correction consiste donc à changer l'entourage consonantique, à mettre une consonne aiguë comme « s » et à faire prononcer [sy]. On fait répéter le son [y] à l'apprenant d'abord dans ce contexte très facilitant puis on change de consonne vers un contexte de moins en moins facilitant pour revenir au son de départ le « b ».
[sy, ty, lu, ʃu, ky, py, by]

9. Le découpage syllabique régressif/progressif

En cas d'erreur d'accentuation de la dernière syllabe ou d'erreur de rythme, on peut découper une phrase en syllabes et la faire répéter en ne prononçant d'abord que la 1re syllabe, puis la 1re et la seconde, puis la 1re, la 2e et la 3e,... jusqu'à la prononciation de toutes les syllabes du mot. On contrôle évidemment que l'accent est sur la dernière syllabe pour montrer le groupe rythmique français. Il faut aussi être exigeant sur la régularité de la durée des syllabes inaccentuées qui doivent toutes être de même durée.

Exemple : Il a fumé
[i]

[i/la]
[i/la/fy]
[i/la/fy/me]

Faire la même chose mais en commençant par la fin de la phrase.

Prononcez la dernière syllabe puis l'avant-dernière et la dernière, puis l'avant-avant-dernière, l'avant-dernière et la dernière, etc, jusqu'à ce que toutes les syllabes soient prononcées.

[me]
[fy/me]
[la/fy/me]
[i/la/fy/me]

10. La gestuelle du corps

• Lorsque l'apprenant a du mal à assimiler ou à produire des sons nouveaux pour lui, ceux qui n'appartiennent pas à son système phonologique (en particulier les voyelles nasales), on peut faire intervenir la gestuelle, impliquer le corps dans l'effort de prononciation.

Il s'agit ici d'associer un son avec un geste. Pour bien distinguer les voyelles nasales par exemple, on les représente par trois gestes différents des mains. Cette mise en codage qui passe par le corps aide l'apprenant à s'approprier le son. Quand le codage est bien intégré par tous les apprenants, l'enseignant n'aura plus ensuite qu'à faire le geste en direction de l'apprenant qui vient de se tromper pour que ce dernier se corrige.

• Une autre méthode consiste à faire localiser le(s) son(s) dans une partie du corps. On demande : « Où sentez-vous le [i], le [y], le [u] ?[1] »

Cette méthode est développée dans l'ouvrage cité et aussi dans la cassette de l'Alliance française de Paris pour la pédagogie de la correction phonétique du DAEFLE avec le CNED.

11. Les couleurs

« A noir, E blanc, I rouge, U vert, O bleu. »

Voyelles, Arthur RIMBAUD

Associez une couleur pour chaque son. C'est la méthode par le silence de Caleb Gattegno[1], qu'il a mise en place pour apprendre à lire aux enfants. À chaque son est attribué une couleur. On peut partir de son tableau, mais nous préférons laisser le choix aux enseignants et aux apprenants.

---

1. Kaneman-Pougatch, *op. cit.*

Exemple :

Les apprenants, après discussion attribuent à chaque voyelle nasale [ɛ̃], [ɑ̃], [ɔ̃] une couleur qui sera affichée dans la classe. Régulièrement l'enseignant fera référence à cette association quand un apprenant se trompera de timbre.

12. Le jeu théâtral

Le jeu théâtral peut être utilisé pour libérer l'apprenant. En le faisant jouer un rôle, il se projette vers l'extérieur et n'a plus l'impression d'être en situation permanente de contrôle. En jouant un personnage, les apprenants s'autorisent une prononciation, un jeu qu'ils n'osent pas s'autoriser dans la vie normale.

Il faut pour cela travailler la mise en scène avec différents types de texte qui permettent de produire différents styles de voix : neutre, chuchotée, lente, rapide, hésitante, en colère, comme un robot, amoureuse, type « hôtesse de l'air », triste…

L'enseignant se pose en metteur en scène ou en chef d'orchestre de manière à pouvoir arrêter nettement les productions des apprenants.

Ainsi pour les voyelles orales, il n'y aura pas de diphtongaison et pour les voyelles nasales, il n'y aura pas d'appendice consonantique du type [ɑ̃ⁿ]

• Dans le registre des activités théâtrales on peut aussi faire travailler la respiration en essayant de dire une phrase de plus en plus longue avec le même souffle. La prononciation se fait alors sans intonation et en essayant de garder son souffle.

Exemple : Le chat
       Le chat noir
       Le chat noir et blanc
       Le chat noir et blanc de la voisine.

• En poursuivant les mêmes objectifs on veillera aussi à travailler la lecture à haute voix très régulièrement. On peut le faire en pratiquant la lecture décalée : l'apprenant lit seul avant d'avoir entendu l'enregistrement ou l'enseignant, puis écoute pour se corriger. Mais la lecture en chœur, enseignant ou voix enregistrée/apprenant, est aussi très efficace, l'apprenant essayant alors de suivre le rythme, l'accent et l'intonation de la voix du natif.

De manière générale, le travail sur le souffle est très important car souvent les étudiants prononcent mal parce qu'ils manquent d'air et terminent leur phrase en situation « d'urgence ».

• Tout ce qui vient d'être dit plaide – s'il en était encore besoin – pour l'importance de travailler sur des textes authentiques. Il faut travailler la voix avec des phrases qui ont du sens et non seulement hors sens. Même si, comme le

---

1. C. Gattegno, 1963-1972, *Teaching Foreign Languages in Schools : The Silent Way*, 2ᵉ éd., New York, Educational Solutions.

disait l'abbé Rousselot, « dès que le sens apparaît nettement à l'esprit, on néglige le son », il faut cependant que l'apprenant arrive à s'approprier, à maîtriser de nouveaux mouvements articulatoires tout en étant soutenu par la motivation de produire du sens.

La poésie, les comptines mais aussi les textes en prose, les proverbes, les vire-langues sont des textes merveilleux pour les enseignants, à la fois pour l'authenticité très motivante pour les apprenants, mais aussi pour leur jeu sur les sonorités.

Les apprenants peuvent devenir créateurs de textes, dans un deuxième temps, sur le même modèle. Ce travail sur l'imaginaire débouchera sur une interprétation à une, deux ou plusieurs voix et sera un moteur de l'apprentissage.

Chapitre 7

Que faut-il travailler ?

LES VOYELLES

En position accentuée et en position inaccentuée, dès le niveau A1

Il est recommandé de commencer par les voyelles en position accentuée : elles seront beaucoup plus audibles car plus longues dans cette position.

Par exemple si un apprenant n'entend pas bien la différence entre les déterminants ou pronoms « le » et « les », il faudra travailler dans cet ordre.

1. La structure où le pronom est tonique :

Prends-le	Prends-les
Donne-le	Donne-les
Mange-le	Mange-les

2. La structure où le pronom n'est plus accentué :

Je le prends	je les prends
Je le donne	je les donne
Je le mange	je les mange

ou :

Attends ! Je conduis	Attends ! J'ai conduit
Attends ! Je finis	Attends ! J'ai fini
Attends ! Je grandis	Attends ! J'ai grandi

Il faut dans le cas ci-dessus veiller à placer un accent d'insistance sur le pronom et l'auxiliaire « avoir ».

3. Le même corpus que ci-dessus (2), mais cette fois-ci avec une accentuation normale et sans accent d'insistance :

Attends ! Je conduis	Attends ! J'ai conduit
Attends ! Je finis	Attends ! J'ai fini
Attends ! Je grandis	Attends ! J'ai grandi

En syllabe ouverte et en syllabe fermée, dès le niveau A1

Les timbres des voyelles ne changent pas sauf pour les voyelles intermédiaires.

On commence à travailler les voyelles nasales **en syllabe fermée** parce qu'elles sont allongées, donc plus audibles, puis on les travaille **en syllabe ouverte**.

LES CONSONNES

On doit les travailler dans les trois positions : initiale, intervocalique et finale dès le niveau A1

Il est important de faire entendre et prononcer chaque consonne dans toutes les positions car dans certaines langues une consonne peut exister dans une position et ne pas exister dans une autre.

Les groupes consonantiques dès le niveau A2

Certaines langues n'ont pas de groupes consonantiques et les syllabes sont une suite de CVCV.

On travaillera donc les groupes consonantiques avec deux consonnes surtout C+R et C+l puis des groupes à 3 consonnes. (Voir page 18-21 et fiche 18.) Ces groupes consonantiques apparaissent notamment avec la chute du « e instable » que les apprenants prononceront systématiquement au début.

Les consonnes géminées, dès le niveau B1 et +

Elles sont de prononciation difficile pour certaines langues où ce phénomène n'existe pas.

Il faut donc faire des exercices portant sur ces deux consonnes identiques qui se suivent et s'entendent parce que la **tenue** de la consonne est allongée. On travaille en opposant des structures avec et sans consonnes géminées (fiche 17).

Exemples : Il a dit | il l'a dit
Je viens dîner | il vient de dîner
Il mourait sans son chien | il mourrait sans son chien
Une oie | une noix

Toutes les consonnes peuvent être géminées par positionnement de deux consonnes identiques.

Attention ! ne pas confondre avec des mots ayant une graphie double qui ne signifie rien en ce qui concerne la prononciation.

Exemple : illégal [ilegal], addition [adisjɔ̃], appareil [apaʁɛj]

LA PROSODIE

Il faut, dès le début de l'apprentissage, aborder le rythme, l'accent et l'intonation linguistique.

Il est nécessaire de travailler, dès le niveau A1 l'égalité rythmique des syllabes inaccentuées et l'allongement de la syllabe accentuée. Il faut aussi apprendre à déplacer l'accent sur la dernière syllabe et insister sur l'intonation linguistique.

L'intonation expressive sera plutôt abordée au niveau B1, mais on peut commencer à travailler de petits textes dès le niveau A1, à condition que l'intonation soit neutre.

On étudiera les nuances de voix avec les niveaux plus avancés (B2, C1).

QUELQUES RÈGLES DE BASE

▶ **D'une manière générale, aussi bien pour les voyelles que pour les consonnes, on commencera à travailler avec les paires minimales de mots mais aussi de phrases, dès le niveau A1.**

• Paires minimales de mots : voir discrimination auditive des voyelles nasales, p. 55.

• Phrases minimales :

Je finis	j'ai fini
Je traduis	j'ai traduit
Je conduis	j'ai conduit

▶ **Les suites systématiques pourront être abordées à partir du niveau intermédiaire B1 car elles présentent plus de difficultés.**

L'exercice consiste à faire prononcer deux voyelles ou deux consonnes qu'un apprenant confond dans un même mot ou suite de mots.

Dans ce cadre-là, on utilisera les virelangues que toutes les langues du monde ont inventées pour justement s'amuser à faire « fourcher la langue »

Exemple : Mon thé t'a-t-il tout ôté ta toux ?
    – Oui, ton thé m'a tout ôté ma toux.

▶ **À propos d'autres phénomènes**

• L'enchaînement vocalique et consonantique et la liaison obligatoire ou interdite doivent être abordés dès le niveau A1. La liaison facultative sera introduite à un niveau plus avancé A2+ ou B1.

• **La sensibilisation au rapport écrit/oral doit se faire dès le niveau A1.**

• **L'alphabet :** apprendre à épeler, dire les sigles.

• **Le code phonographique des consonnes et des voyelles :** faire découvrir comment s'écrit chaque voyelle et chaque consonne en repérant dans un texte les différents graphèmes.

Deuxième partie
Fiches pédagogiques

L'imagination est plus importante que le savoir.

ALBERT EINSTEIN

Fiche 1   L'accent, le rythme et la syllabation

Niveau : A1 – A2 (Activités 1 à 6)
B1 – C1 (Activité 7)

Objectif
Acquérir le rythme, la syllabation et l'accentuation de la langue française.

Méthode
On réalisera :
- d'une part, des exercices manipulant le déplacement des accents à tous les niveaux d'apprentissage, les apprenants ayant tendance à mettre trop d'accents dans une phrase ;
- d'autre part, des exercices de lecture avec un débit plus ou moins lent de textes où les apprenants délimiteront les groupes rythmiques correspondant.

ACTIVITÉ 1   Travailler l'accent tonique, sans émotion et sans insistance, en prononçant les noms des 25 pays membres de l'Union européenne ; accentuer la dernière syllabe.

PISTE 1

▶ **Écoutez puis répétez la liste de noms que vous aurez entendus.**
L'Allemagne, l'Autriche, la Belgique, Chypre, le Danemark, l'Espagne, l'Estonie, la Finlande, la France, la Grèce, la Hongrie, l'Irlande, l'Italie, la Lettonie, la Lituanie, le Luxembourg, Malte, les Pays-Bas, la Pologne, le Portugal, la République tchèque, le Royaume-Uni, la Slovaquie, la Slovénie et la Suède.

ACTIVITÉ 2   Travailler des groupes rythmiques de plus en plus longs.

PISTE 2

▶ **Prononcez les groupes de phrases suivantes avec le même souffle, avec un rythme régulier, en déplaçant si besoin l'accent pour qu'il reste sur la dernière syllabe. Vous pouvez, si vous le voulez marquer le rythme avec la main.**

1-2-3	J'ai deux ch**ats**.
1-2-3-4	J'ai deux beaux ch**ats**.
1-2-3-4-5	J'ai deux beaux chats gr**is**.
1-2-3	J'aime march**er**.
1-2-3-4	J'aime bien march**er**.
1-2-3-4-5	J'aime bien marcher v**ite**.
1-2-3	Il vient v**oir**.
1-2-3-4	Il vient voir J**ean**.
1-2-3-4-5	Il vient revoir Jean-P**aul**.

ACTIVITÉ 3   Travailler des groupes rythmiques de même longueur.

PISTE 3

▶ Écoutez puis répétez les groupes de mots suivants.

1. Rythme de 2

Bonjour	merci	bonsoir	hier	pourquoi
Déjà	tout ça	pardon	demain	mais oui !
C'est ça	Ah non	Il dort	Il mange	Il lit

2. Rythme de 3

Aujourd'hui	mercredi	vendredi	ça va bien	ça va mieux
Vers midi	Tout est gris	À plus tard	Tout est noir	À bientôt
Je n'crois pas	Je n'veux pas	Je n'sais pas	Je n'pense pas	

3. Rythme de 4

J'ai essayé	j'ai commencé	j'ai répété	j'ai étudié	j'ai travaillé
J'ai réfléchi	j'ai entendu	j'ai attendu	C'est terminé	
Je n'ai rien fait	je n'ai rien dit	je n'ai rien pris	je n'ai rien vu	

4. Rythme de 5

Elle a essayé	Ils ont pardonné	Il a refusé	On a tout donné
C'est beaucoup trop long !	C'est très important !	C'est tout à fait juste !	
J'ai tout entendu	J'ai bien réfléchi	J'ai trop attendu	
C'est très bien écrit	Tu l'as déjà dit	Il a tout compris	

ACTIVITÉ 4   Le découpage en syllabes.

PISTE 4

▶ **Notez le nombre de syllabes pour chaque phrase. Puis notez les groupes de souffle.**

Exemple : Je m'appelle Julie Manon
je-ma-pelle-ju-lie-ma-non : 7 syllabes.
Ou jma-pelle-ju-lie ma-non : 6 syllabes si le « e » n'est pas prononcé.
Soit 2 groupes de souffle : 3 syllabes/4 syllabes, ou 2 syllabes/4 syllabes.

a. Je vous offre un petit café.
b. J'ai pensé déménager.
c. Il faut absolument l'appeler.
d. Tu vas vite prendre une douche.
e. Je suis en France pour quatre ans.
f. Mardi, on part en vacances.
g. Ce soir, téléphone-moi.
h. Je n'ai pas réussi à le lui dire.
i. J'ai commencé à écrire dès l'âge de 10 ans.
j. Il m'a promis de rester ici s'il faisait beau.

CORRIGÉ

a. « Je vous offre un petit café » : 6 ou 8 syllabes, selon la prononciation du « e » instable ;
« je vous » ou « j'vous », et
« un petit » ou « un p'tit ».
Soit 2 groupes de souffle : « je vous offre/un petit café ».
b. « J'ai pensé déménager » : 7 (3/4).
c. « Il faut absolument l'appeler » : 8 ou 9 selon la chute ou non du « e » (« appeler » ou « app'ler », (6/3 ou 6/2).
d. « Tu vas vite prendre une douche » : 6 (3/3).
e. « Je suis en France pour quatre ans » : 7 ou 6 (« je suis » ou « j'suis »), (4/3 ou 3/3).
f. « Mardi, on part en vacances » : 7 (2/5)
g. « Ce soir, téléphone-moi » : 6 (2/4)
h. « Je n'ai pas réussi à le lui dire » : 10 (6/4)
i. « J'ai commencé à écrire dès l'âge de 10 ans » : 12 (4/3/5)
j. « Il m'a promis de rester ici s'il faisait beau » : 13 (4/5/4).

ACTIVITÉ 5   Le découpage régressif

▶ Prononcez la phrase syllabe par syllabe en commençant par la dernière. On peut garder l'écriture alphabétique ou se servir de l'alphabet phonétique international.

Exemple :   *Elle est étudiante*
                         diante
                      tu-diante
                   té-tu-diante
             lleest-té-tu-diante
          e-lleest-té-tu-diante

À vous !

1. Il vient demain soir.
2. J'ai bien déjeuné.
3. Tu viens avec elle.
4. Elle est américaine.
5. Vous avez le temps.
6. Ils sont célibataires.

ACTIVITÉ 6

PISTE 5

▶ Rythmez la comptine suivante :

Un, deux, trois   *Sept, huit, neuf*
Nous irons au bois   *Dans un panier neuf*

Quatre, cinq, six   *Dix, onze, douze,*
Cueillir des cerises   *Elles seront toutes rouges.*

ACTIVITÉ 7 (B1) Travailler sur le sens de la phrase en relation avec le rythme et l'intonation.

PISTE 6

▶ **A. Écoutez puis répétez ces phrases en expliquant le sens de chacune d'elles.**

1. J'étais parti(e) depuis longtemps, on m'attendait.
   J'étais parti(e), depuis longtemps on m'attendait.

2. Les enfants qui étaient fatigués s'arrêtèrent de jouer.
   Les enfants, qui étaient fatigués, s'arrêtèrent de jouer.

3. Je ne veux pas mourir imbécile.
   Je ne veux pas mourir, imbécile !

4. Il travaille si bien qu'il a réussi.
   Il travaille, si bien qu'il a réussi.

▶ **B. À vous de donner deux sens différents à la phrase dite sur un ton neutre. Pour cela placez l'intonation, l'accentuation et le découpage rythmique.**

1. Maxime va manger ton dessert.
2. Je crois ce professeur excellent.
3. J'ai reçu une carte postale de Grenoble.
4. Non ce n'est pas le gâteau que j'ai acheté.
5. Je n'aime pas ce vin chaud.

CORRIGÉS (PONCTUATION)

1. a. Maxime, va manger ton dessert.
   b. Maxime va manger ton dessert…
2. a. Je crois ce professeur excellent.
   b. Je crois ce professeur, excellent.
3. a. J'ai reçu une carte postale de Grenoble.
   b. J'ai reçu une carte postale, de Grenoble.
4. a. Non ! Ce n'est pas le gâteau que j'ai acheté.
   b. Non, ce n'est pas le gâteau que j'ai acheté.
5. a. Je n'aime pas ce vin chaud.
   b. Je n'aime pas ce vin, chaud.

Fiche 2 L'accent d'insistance

Niveau : A1 – A2

Objectif

Acquérir l'accent d'insistance de la langue française.

Les activités conduisent à mettre en évidence l'accent d'insistance pour exprimer ses sentiments.

Rappel

L'accent d'insistance est un accent supplémentaire qui vient s'ajouter en début du mot. Il ne remplace pas l'accent tonique. Il frappe soit la première consonne ou la première voyelle, soit la consonne de liaison.

ACTIVITÉ 1

PISTE 7

▶ **Répétez les phrases suivantes avec l'accent d'insistance.**
(Vous entendrez parfois, lorsque la liaison est facultative, la phrase réalisée de deux manières différentes.)

Formidable, c'est **f**ormidable !!!
Super, c'est **s**uper !!!
Merveilleux, c'est **m**erveilleux !!!
Inadmissible, c'es**t** inadmissible !
C'est **i**nadmissible (sans liaison).
C'est **m**on idée, **m**on idée à **m**oi, ce n'est pas **t**on idée !!!
Tu me **d**égoûtes ! C'es**t** nul ce que tu as fait !
C'est **m**onstrueux !
C'est **in**tolérable !
C'est **sc**andaleux !
C'est **i**nimaginable !
C'es**t** inimaginable (avec liaison).
C'est **im**pensable !
C'est impensable ! (avec liaison).
C'est **t**oi qui me dis ça ! On croit **r**êver !

ACTIVITÉ 2

PISTE 8

▶ **À vous de formuler des phrases avec les éléments donnés et de les prononcer avec l'accent d'insistance.**
*Exemple : Heureuse ? Oui, **tr**ès heureuse !*

Content(e)...
Fatigué(e)...
Satisfait(e)...
Nerveux (se)
Énervé(e)
Fâché(e)
Pressé(e)
Soulagé(e)

> **CORRIGÉS**
>
> Contente ? Oui **très** contente.
> Fatigué ? Oui, **un** peu fatigué.
> Satisfait ? Non, **pas** satisfait.
> Nerveuse ? Oui, **a**ssez nerveuse.
> Énervée ? Oui, **tr**ès énervée.
> Fâché ? Non, **ja**mais fâché.
> Pressé ? Oui, **tou**jours pressé.
> Soulagée ? Oui, **par**faitement soulagée.

ACTIVITÉ 3

PISTE 9

▶ **Même consigne que l'activité précédente.**

*Exemple : Ce n'est pas possible, c'est **im**possible !*

À vous !

Ce n'est pas faisable.
Ce n'est pas vraisemblable.
Ce n'est pas croyable.
Ce n'est pas mangeable.
Ce n'est pas pensable.

> **CORRIGÉS**
>
> | | |
> |---|---|
> | Ce n'est pas faisable. | C'est **in**faisable ! |
> | Ce n'est pas vraisemblable. | C'est **in**vraisemblable ! |
> | Ce n'est pas croyable. | C'est **in**croyable ! |
> | Ce n'est pas mangeable. | C'est **im**mangeable ! |
> | Ce n'est pas pensable. | C'est **im**pensable ! |

Fiche 3 L'intonation linguistique

Niveau : A1 (Activité 1)
A2 et + (Activités 2, 3 et 4)
B1 et + (Activités 5 et 6)

Objectif

Acquérir les intonations montante (question) et descendante (affirmation).

Méthode (rappel)

On insistera auprès des débutants en pratiquant des exercices leur permettant d'entendre la différence entre une phrase interrogative sans mot interrogatif et une phrase déclarative.

Exemple : Il vient demain. / Il vient demain ?

ACTIVITÉ 1 (A1) La phrase interrogative sans mot interrogatif, et d'autre part l'intonation descendante de la phrase déclarative.

Il y a trois manières de travailler le corpus enregistré ci-après.

1. Ce corpus devra être travaillé en compréhension : les apprenants écoutent les deux phrases (question et déclaration) pour bien s'imprégner des deux « musiques » différentes puis le professeur prononce l'une des deux.

PISTE 10

▶ **a. Écoutez l'enregistrement en remarquant l'intonation de chaque phrase.**
Ça va ? Ça va.
Elle vient ? Elle vient.
C'est déjà fini ? C'est déjà fini.
Il n'est pas content ? Il n'est pas content.
On y va maintenant ? On y va maintenant.
Elle n'est pas encore là ? Elle n'est pas encore là.
Le film va commencer ? Le film va commencer.
Il neige ? Il neige.
Il a accepté ? Il a accepté.

▶ **b. Écoutez maintenant la deuxième partie de l'enregistrement et cochez les phrases que vous entendez.**
Ça va.
Elle vient.

C'est déjà fini ?
Il n'est pas content ?
On y va maintenant.
Elle n'est pas encore là ?
Le film va commencer ?
Il neige.
Il a accepté ?

2. Ce même corpus sera travaillé en production. Les apprenants répéteront les phrases enregistrées ou lues par le professeur.

▸ **Répétez les phrases que vous entendez en faisant bien attention à l'intonation de chaque phrase.** *(Utiliser l'enregistrement a.)*

3. Ce même corpus sera travaillé en interaction. Le professeur choisit de prononcer une des deux intonations et les apprenants devront prononcer l'autre.

▸ **Vous allez entendre une phrase prononcée avec une certaine intonation.** *(Utiliser l'enregistrement b.)*
Dites d'abord si cette phrase est interrogative ou déclarative, puis prononcez la phrase que vous n'aurez pas entendue avec l'intonation correspondante.

ACTIVITÉ 2   (A2 et +) Lecture à haute voix.

PISTE 11

▸ **Lisez à haute voix ce monologue à deux voix, en accentuant les intonations montante et descendante.**

Est-ce que c'est une chose ? – Non.
Est-ce que c'est un être vivant ? – Oui.
Est-ce que c'est un végétal ? – Non.
Est-ce que c'est un animal ? – Oui.
Est-ce que c'est un animal rampant ? – Quelquefois, pas toujours.
Comment se tient-il ? – Debout.
Est-ce qu'il vole ? – De plus en plus.
Est-ce que c'est un animal qui siffle ? – Quelquefois.
Qui rugit, qui meugle, hennit, miaule, aboie, jappe, jacasse ? – Oui, s'il le veut, par imitation.
Est-ce qu'il sait fabriquer des nids pour ses enfants ? – Il construit toutes sortes d'alvéoles tremblantes.
Est-ce qu'il creuse des galeries souterraines ? – De plus en plus parce qu'il vole et qu'il a peur.
Est-ce qu'il se nourrit de fruits, de plantes ? – Oui, parce qu'il est délicat.
Et de viandes ? – Énormément parce qu'il est cruel.
Est-ce qu'il parle ? – Beaucoup : ses paroles font un bruit infernal tout autour de la terre.

C'est donc le lion le tigre et en même temps le bétail et en même temps le perroquet le chat le chien le singe le castor et la taupe. – Oui, oui, oui, oui, à la fois tout cela, à la fois lui-même et tous les autres.

JEAN TARDIEU, «Nouvelle énigme pour Œdipe»,
L'accent grave et l'accent aigu, Gallimard, Paris, 1976.

ACTIVITÉ 3 (A2 et +) Lecture à haute voix.

PISTE 12

▶ **Lisez l'extrait suivant en travaillant particulièrement les intonations montantes.**

«Avez-vous des grains de beauté? Des cheveux blancs que vous teignez? Pratiquez-vous un sport? Prenez-vous des coups de soleil? […] Avez-vous peur de la nuit? De l'amour? Comment se prénomment vos enfants? Êtes-vous une mère douce? Combien de baisers par jour? Quels sont vos mots sur moi? Quel est mon dossier? Me trouvez-vous jolie? Intelligente? Perdue? Avez-vous fixé ma voix sur une bande magnétique? Dois-je vous avouer qu'il m'arrive de rêver de vous?»

NINA BOURAOUI, Mes mauvaises pensées, Stock, Paris 2005.

ACTIVITÉ 4 (A2 et +) Voir aussi la fiche 24.

PISTE 13

▶ **Inversez les deux parties de la phrase mais gardez la même intonation.**

Exemple : *Allez-y* tout de suite, si vous voulez le voir.
Si vous voulez le voir, allez-y tout de suite.

À vous!

À cause de mon père, elle n'est pas partie.
On n'a rien compris, sur le moment.
L'été prochain, je prends deux mois de vacances
Le moment voulu, tu le lui diras.
Quand ils reviendront, j'ai peur que ce soit trop tard.
Depuis quelques semaines, il n'est plus le même.
Dans un mois, il pense partir avec sa famille.
Je vais à un cours de gym tous les lundis.

CORRIGÉS
Elle n'est pas partie à cause de mon père.
Sur le moment, on n'a rien compris.
Je prends deux mois de vacances l'été prochain.
Tu le lui diras le moment voulu.
J'ai peur que ce soit trop tard quand ils reviendront.
Il n'est plus le même depuis quelques semaines.
Il pense partir avec sa famille dans un mois.
Tous les lundis, je vais à un cours de gym.

ACTIVITÉ 5   (B1 et +) S'entraîner à la phrase incise.

PISTE 14

▶ **La phrase incise permet de donner une précision, de faire une remarque à l'intérieur d'une phrase. L'intonation de cette incise se fera sur une tonalité très basse, ce qui permet de bien détacher les deux éléments.**
Écoutez l'exemple :
*Dans une heure, **au plus tard**, il sera parmi nous.*

À vous !

Il est, je crois, de nationalité indienne.
Ma fille Julie, la plus jeune de mes enfants, est mariée et a deux enfants.
Il aurait fallu, vous vous en doutez, qu'il réussisse avec mention pour avoir ce poste.
Demain, s'il pleut, je reste à la maison.
Le chien, dès qu'il vit son maître, se mit à aboyer et à sauter de joie.
On va essayer, dit-il tranquillement, de vous trouver un appartement.
Il a pris la décision, tout récemment, de quitter définitivement son pays.
Prenez le dossier, le rouge, qui est sur l'étagère.
Je viendrai à ton anniversaire, tu ne peux pas en douter, à moins d'un empêchement de dernière minute.
Il a reçu, il me semble, un prix pour une de ses œuvres.

ACTIVITÉ 6   (B1 et +) Lecture d'un synopsis de film.

▶ **Voici un synopsis possible du film :** *Le Fabuleux destin d'Amélie Poulain*. **Lisez-le et marquez les pauses imposées par les virgules ; maintenez votre intonation en attente devant les deux points.**

Amélie, jeune fille parisienne de 22 ans, serveuse dans un bar-tabac à Montmartre, cultive un goût particulier pour les tout petits plaisirs : briser la croûte des crèmes brûlées avec le dos de la petite cuillère, faire des ricochets sur le canal Saint-Martin, plonger la main au plus profond d'un sac de grains. Timide, innocente et naïve, elle se découvre, dans la nuit du 30 août 1997, un but : réparer la vie des autres mais de manière incognito.

▶ **Avec les mêmes éléments, vous pouvez rédiger un autre synopsis de ce film et vous entraînez à le lire en respectant l'intonation adéquate.**

Fiche 4 L'intonation expressive

Niveau : A1-A2 (Activité 1)
B1 – C1 (Activité 2 et 3)

Objectif

Travailler l'intonation expressive et les interjections.

ACTIVITÉ 1 (A1-A2)

PISTE 15

▸ Lisez les groupes de phrases suivantes, puis écoutez le document sonore et dites quel est, pour chacun des groupes, le sentiment des personnes qui parlent (doute, satisfaction, colère... ou déception).

Exemple : Il est parti... → Déception

1.

Comme je suis contente que vous soyez venue !
Mais c'est merveilleux !
Quelle bonne idée !
Super ! c'est vraiment super !
Cela me fait très, très plaisir !
Merci, merci du fond du cœur !
Je suis ravie pour toi !
C'est génial !
Chouette !

2.

Je ne sais pas...
Tu crois...
J'hésite...
Je ne suis pas sûr(e)...
Que faire...

3.

Ça suffit comme ça !
J'en ai assez !
Le bruit est insupportable !
Je n'en peux plus, il faut que cela s'arrête !
Arrête immédiatement !

4.

Ah, tu ne peux pas venir !

C'est bien triste !

Quel dommage !

Je suis désolé(e), vraiment désolé(e) !

Tu n'as vraiment pas de chance !

5.

T'es déjà là ?

Oh, c'est pas possible ?

Il a réussi ?

Elle a déjà trois enfants ?

C'est pour moi ?

> **CORRIGÉS**
> **1.** Satisfaction, joie – **2.** Doute – **3.** Colère, irritation – **4.** Déception, tristesse, compassion – **5.** Surprise

ACTIVITÉ 2 (B1 – C1)

▶ **Lisez les interjections suivantes et retenez leur sens et leur emploi.**

Ah ? → marque l'étonnement, exige une explication ou signifie l'incrédulité.

Exemple : – C'est Corneille, vous savez, qui a écrit les pièces de Molière !
– Ah ?

Ah ! → satisfaction de voir se produire un événement espéré attendu avec impatience et inquiétude.

Exemple : Ah ! Voilà le coureur du Marathon !

Ah ! la-la, la-la-la-la ! → exprime l'attitude de l'homme devant les coups du destin.

Exemple : La tempête a arraché le grand arbre devant la maison…
. Ah ! la-la, la-la-la-la !

Hem, hem ! → invitation à la prudence au cours d'une conversation. Par exemple, cette interjection sert à interrompre brusquement un récit lorsque approche quelqu'un qui ne doit pas l'entendre (la personne dont on parle, un malade, un mouchard, de chastes oreilles, etc.).

Exemple : Madame Ducoin m'a même dit qu'on les a vus ensemble à la fête de Mai… Hem, hem! Les voilà. Quel beau soleil, ne trouvez-vous pas madame Michu…

Hep ! → interjection d'appel.

Exemple : « Hep, taxi ! » au XXe siècle a remplacé le « Psitt, cocher ! » du XIXe siècle.

Euh ! → exprime le doute (se dit en penchant légèrement la tête de côté, en abaissant les commissures des lèvres et en levant les sourcils).

Exemple : Euh ! Tu crois vraiment que c'est vrai ?

Hop ! → ordre lancé par une personne immobile et invitant les autres à des mouvements vifs.

Exemple : Allez, hop ! Pressons-nous !

Hop-là ! → désigne un mouvement de bas en haut, comme lorsqu'on fait sauter un enfant dans ses bras ou lorsqu'on met en selle un cavalier peu expérimenté ayant de l'embonpoint.

Exemple : Et hop-là ! Comme il saute haut le bébé !

Hou ! → interjection par laquelle on fait honte à quelqu'un (enfant de préférence) en lui reprochant une mauvaise action.

Exemple : Hou, le vilain !

Zut ! → interjection marquant la frustration. Zut ! Flûte ! Jurons exprimant le dépit, la déconvenue, l'agacement ou la rupture.

Exemples : Allez vous promener ! Vogue la galère ! Finie la comédie ! Après moi le déluge ! Fichez-nous la paix ! À la porte ! Mon pied quelque part ! À la gare ! La barbe ! Vous ne m'avez pas regardé ! Du balai ! Zut, zut, zut, zut et zut !

Jean Tardieu, Le Professeur Froeppel, Gallimard.

▶ **Puis à votre tour, donnez un sens à ces interjections :**

Chiche !
Ouf !
Youpi !
Bof !
Brr !
Chut !
Hein !
Et toc !

CORRIGÉS

– *Chiche !* Incitation à faire quelque chose.
Chiche ! On y va ?
– *Ouf !* Marque le soulagement.
Ouf ! J'ai bien cru qu'on n'en sortirait jamais.
– *Youpi !* Exprime la joie.
Youpi ! Ça y est, j'ai réussi tous mes examens et je suis en vacances !
– *Bof !* Exprime le désappointement, un avis mitigé.
Bof ! J'imaginais autre chose. Cette exposition n'est pas si intéressante.
– *Brr !* Exprime le fait d'avoir froid ou qu'il fait froid ?
Brr ! Il fait un froid de chien dans cette maison. Allumons vite la cheminée.
– *Chut !* Invitation au silence.
Chut ! Ne faites pas de bruit s'il vous plaît. J'ai eu tellement de mal à endormir Léa.
Ne la réveillez pas.

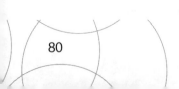

> – *Hein?* Marque l'étonnement.
> Hein! Qu'est-ce que tu me dis? Je ne peux pas te croire, c'est impossible!
> – *Et toc!* Commentaire d'une tierce personne qui marque une victoire ou un point marqué dans une opposition souvent verbale.
> LUI :   – Ce n'est pas vrai! Je n'ai jamais dit cela!
> ELLE :   – C'est ta propre mère qui m'a rapporté tes paroles.
> LE VOISIN : – Et toc! Ce coup-ci, elle ne l'a pas raté.

ACTIVITÉ 3   (B1 – C1) Variations d'intonation

1. Oui/ Non

PISTE 16

▶ Lisez cet extrait en prêtant la plus grande attention à la mise en page (la manière dont les mots sont écrits ou disposés dans la page). Puis écoutez l'enregistrement.

Relisez enfin le texte en plaçant les intonations en accord avec le sens et la mise en page.

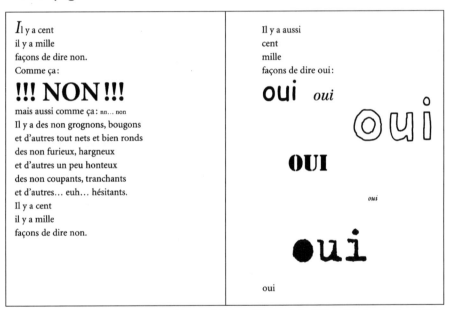

Bernard Friot, *Mots croisés*, Milan Poche-Junior, 2004.

2. La porte (ou la fenêtre)

▶ Par groupe de deux, formulez une demande en tenant compte de l'intonation et de ses nuances selon qu'il s'agisse d'une demande simple, ferme, polie, insistante, exigeante ou en colère.

Vous pouvez ajouter la formule de politesse « s'il te/vous plaît » à chacun des énoncés suivants.

La porte !
Va fermer la porte.
Allez, va fermer la porte.
Tu peux fermer la porte ?
Je peux te demander d'aller fermer la porte ?
Ça te dérangerait de fermer la porte ?
Tu veux bien fermer la porte ?
Tu serais gentil d'aller fermer la porte.
Tu pourrais fermer la porte ?
Alors cette porte, vous la fermez ?
Est-ce que vous pourriez fermer la porte, s'il vous plaît ?
Auriez-vous la gentillesse de fermer la porte ?

Variante

À partir de quelques exemples, le corpus est élaboré par les propositions des apprenants, qui travaillent ensuite l'intonation.

3. Porter un jugement sur un spectacle (ou un film)

▶ Par petits groupes, créez des mini-dialogues dans lesquels vous insérerez une ou plusieurs de ces phrases pour porter un jugement sur un film, un spectacle que vous avez vu.

Ça m'a beaucoup plu !
C'était très bien !
C'était vachement sympa !
Ça valait le déplacement.
C'est vraiment un spectacle à voir
Je te le recommande.
C'était drôle !
On a passé (vraiment) un bon moment.
On a bien rigolé.
C'était excellent !
C'était super, génial, extraordinaire !
Un chef-d'œuvre !

Ça (ne) m'a pas plu.
J'ai détesté !
C'était nul, complètement nul !
C'était d'un ennuyeux !
C'était décevant !
Je m'attendais à mieux.
N'y va pas, ça (ne) vaut pas la peine.
J'(n)ai pas du tout aimé.
Je me suis ennuyé à mourir.
Je suis parti(e) avant la fin.
C'est raté !
Un flop !

C'était pas mal.
Sans plus.
C'était moyen.

Quelconque.
Ni bon, ni mauvais.

4. Ponctuation et intonation

PISTE 17

▶ Écoutez l'enregistrement puis lisez le texte en insistant sur les intonations. Pouvez-vous donner une phrase pour chacun des « points d'intonation » créés par l'auteur ? Vous lui appliquerez l'intonation qui vous semble correspondre.

L'intonation a une grande importance. L'oreille y fait très attention. L'écriture, pourtant, ne l'enregistre pas. Nous ne possédons que le point d'exclamation et le point d'interrogation (que nous garderons, il va de soi). Une seule petite phrase me servira d'exemple : *il est beau*. Elle peut en effet être *affirmative* (il est beau, c'est un fait), *exclamative* (il est beau ! Ça vous étonne), *acclamative* (il est beau comme un Dieu, cet artiste). Mais elle peut être aussi *interrogative* (il est beau ? Vous ne l'avez jamais vu, vous le demandez), *dubitative* (il est beau, vraiment ? On vous avait pourtant dit le contraire). Elle peut encore être *autoritaire* (il est beau, je vous le dis, je vous prie de le croire, ça ne se discute pas) ou *ironique* (« Ah, il est beau, il est propre ! » Il arrive dépeigné, déchiré, dégoûtant. C'est une anti-phrase). Enfin elle peut être chaleureuse et, pour mieux dire, *amoureuse* (il est beau : c'est peut-être une illusion, mais vous l'adorez, fillette).

Toujours en vertu de nos principes (écrire ce qui s'entend) nous ne saurions négliger graphiquement les intonations. Nous avons donc décidé la création de six points supplémentaires.

1) *Le point d'amour :* ⸮

Il est formé de deux points d'interrogation qui, en quelque sorte, se regardent et dessinent, au moins provisoirement, une sorte de cœur.

2) *Le point de conviction :* ⊤

C'est un point d'exclamation transformé en croix.

3) *Le point d'autorité :* ⊤

Il est sur votre phrase, comme un parasol sur le sultan.

4) *Le point d'ironie :* Ψ

C'est un arrangement de la lettre grecque Ψ. Cette lettre (psi) qui représente une flèche dans l'arc, correspondait à *ps* : c'est-à-dire au son de cette même flèche dans l'air. Quoi de meilleur pour noter l'ironie ?

5) *Le point d'acclamation :* V

Bras levés, c'est le V de la victoire. C'est la représentation stylisée des deux petits drapeaux qui flottent au sommet de l'autobus, quand nous visite un chef d'État.

6) *Le point de doute :* ⸮

Il est comme vous : il hésite, il biaise, avant de tomber – de travers – sur son point.

HERVÉ BAZIN, *Plumons l'oiseau*, Grasset, 1966.

Fiche 5 La chute et le maintien du « e » instable

Niveau : A1-A2 (Activités 1 et 2)
B1et + (Activités 3 et 4)
B2 et + (Activités 5 et 6)

Objectif

S'approprier les règles de la chute et du maintien du « e » instable.

Rappel

Six règles sont à acquérir par l'apprenant :
1. le « e » tombe lorsqu'il est en final d'un mot ;
2. le « e » tombe quand il n'y a qu'une seule consonne devant lui ;
3. à l'initial il se maintient, à l'exception du pronom personnel « je » ;
4. quand plusieurs syllabes avec un « e » se suivent, un « e » sur deux est maintenu.
5. Le « e » se maintient devant un « h » aspiré.
6. Le « e » se maintient quand le pronom « le » suit le verbe.

ACTIVITÉ 1 (A1-A2) Travailler la chute du « e » dans les formes verbales au futur simple et au conditionnel des verbes en « -er ».

PISTE 18

▸ **Écoutez puis répétez ces formes verbales au futur simple et au conditionnel.**
Je mang(e)rai(s)
Je chant(e)rai(s)
Je commenc(e)rai(s)
Je chang(e)rai(s)
J'oubli(e)rai(s)
Je cach(e)rai(s)

ACTIVITÉ 2 (A1-A2) Travailler le maintien du « e » dans la première syllabe d'un mot ou d'un groupe de mots à l'exception du mot « je ».

PISTE 19

▸ **Déterminez dans les phrases suivantes si le « e » est stable ou instable.**

1. Demain je pars.
À demain !

2. Ce matin ?
Ah non, pas ce matin !

3. Depuis quand il est là ?

Il est là depuis cinq minutes.

4. Me taire ?

Je ne veux pas me taire maintenant !

5. Le comprendre ?

Je n'arrive pas à le comprendre !

CORRIGÉS

1. Demain j(e) pars.
   À **d(e)**main !
2. Ce matin ?
   Ah non, pas **c(e)** matin !
3. Depuis quand il est là ?
   Il est là **d(e)**puis cinq minutes.
4. Me taire ?
   Je **n(e)** veux pas **m(e)** taire maintenant !
5. Le comprendre ?
   Je n'arrive pas à **l(e)** comprendre !

ACTIVITÉ 3 (B1 et +) Suppression possible du « e » provoquant la création de groupes conso-nantiques.

Rappel

La suppression du « e » est possible pour les mots monosyllabiques tels que « le », « me », « te », « se », « que », « ne », « ce, « je ».

▶ **Répétez les phrases suivantes à la forme affirmative puis recommencez l'exercice en mettant les phrases à la forme négative.**

PISTE 20

• **Que ça → [ksa]**

Il faut que ça sèche !
Il faut que ça change !
Il faut que ça serve !

Je veux que ça marche !
Je veux que ça s'arrête !
Je veux que ça fonctionne !

CORRIGÉS

Il faut qu(e) ça sèche !
Il faut qu(e) ça change !
Il faut qu(e) ça serve !

Je veux qu(e) ça marche !
Je veux qu(e) ça s'arrête !
Je veux qu(e) ça fonctionne !

Il ne faut pas **qu(e)** ça sèche !
Il ne faut pas **qu(e)** ça change !
Il ne faut pas **qu(e)** ça serve !

Je n(e) veux pas **qu(e)** ça marche !
Je n(e) veux pas **qu(e)** ça s'arrête !
Je n(e) veux pas **qu(e)** ça fonctionne !

• **Que tu** → [kty]

a. Il dit que tu mens !
   Il dit que tu te trompes !
   Il dit que tu mélanges tout !

b. Il sait que tu te maries !
   Il sait que tu démissionnes !
   Il sait que tu ne viendras pas !

CORRIGÉS

a. Il dit **qu(e)** tu mens !
   Il dit **qu(e)** tu te trompes !   *ou* Il dit que tu **t(e)** trompes !
   Il dit **qu(e)** tu mélanges tout !

   Il ne dit pas **qu(e)** tu mens !
   Il ne dit pas **qu(e)** tu te trompes !   *ou* Il ne dit pas que tu **t(e)** trompes !
   Il ne dit pas **qu(e)** tu mélanges tout !
b. Il sait **qu(e)** tu te maries !   *ou* Il sait que tu **t(e)** maries !
   Il sait **qu(e)** tu démissionnes !
   Il sait **qu(e)** tu ne viendras pas !   *ou* Il sait que tu **n(e)** viendras pas !

   Il ne sait pas **qu(e)** tu te maries !   *ou* Il ne sait pas que tu **t(e)** maries !
   Il ne sait pas **qu(e)** tu démissionnes !
   Il ne sait pas **qu(e)** tu ne viendras pas ! *ou* Il ne sait pas que tu **n(e)** viendras pas !

• **Que vous** → [kvu]

Je crois que vous vous trompez.
Je crois que vous faites erreur.
Je crois que vous avez oublié.

CORRIGÉS

Je crois **qu(e)** vous vous trompez.
Je crois **qu(e)** vous faites erreur.
Je crois **qu(e)** vous avez oublié.

86

> *ou*
> J(e) crois que vous vous trompez.
> J(e) crois que vous faites erreur.
> J(e) crois que vous avez oublié.
>
> Je ne crois pas **qu(e)** vous vous trompez.
> Je ne crois pas **qu(e)** vous faites erreur.
> Je ne crois pas **qu(e)** vous avez oublié.
> *ou*
> Je **n(e)** crois pas **qu(e)** vous vous trompez.
> Je **n(e)** crois pas **qu(e)** vous faites erreur.
> Je **n(e)** crois pas **qu(e)** vous avez oublié.

• **Que je** → [kʒ]

Tu crois que je te mens ?
Tu crois que je lui téléphone ?
Tu crois que je vais réussir ?

> **CORRIGÉS**
> Tu crois que **j(e)** te mens ?
> Tu crois que **j(e)** lui téléphone ?
> Tu crois que **j(e)** vais réussir ?
>
> Tu **n(e)** crois pas que **j(e)** te mens ?
> Tu **n(e)** crois pas que **j(e)** lui téléphone ?
> Tu **n(e)** crois pas que **j(e)** vais réussir ?

▶ **Répétez les phrases suivantes en respectant l'intonation. Mettez en évidence le « e » instable dans les situations du type :** *Ça te, ça me* **ou** *ça ne* **+ C.**

Ça te plaît ?
Ça te va ?
Ça te convient ?

Ça me gêne !
Ça me surprend un peu !
Ça me trouble !

Ça ne vous regarde pas !
Ça ne vous concerne pas !
Ça ne vous touche pas !

> **CORRIGÉS**
> Ça **t(e)** plaît ?
> Ça **t(e)** va ?
> Ça **t(e)** convient ?
> Ça **m(e)** gêne !
> Ça **m(e)** surprend un peu !

Ça **m(e)** trouble !
Ça **n(e)** vous regarde pas !
Ça **n(e)** vous concerne pas !
Ça **n(e)** vous touche pas !

▶ Répétez les phrases puis transformez le pronom « se » en « te ».

• **On se/te**
On se dit tout ?
On se comprend !
On se voit quand ?
On se rappelle !
On se téléphone ?

CORRIGÉS

On **s(e)** dit tout ?	On **t(e)** dit tout ?
On **s(e)** comprend !	On **t(e)** comprend !
On **s(e)** voit quand ?	On **t(e)** voit quand ?
On **s(e)** rappelle !	On **t(e)** rappelle !
On **s(e)** téléphone ?	On **t(e)** téléphone ?

▶ Travailler les suites de « e ».
(Remarque : en français, un « e » sur deux est maintenu.)

a. Je l' *ou* **j'le**
   Je le connais.
   Je le veux.
   Je le prends.
   Je le mange.
   Je le bois.

CORRIGÉS

J(e) le connais.
J(e) le veux.
J(e) le prends.
J(e) le mange.
J(e) le bois.
ou
Je **l(e)** connais.
Je **l(e)** veux.
Je **l(e)** prends.
Je **l(e)** mange.
Je **l(e)** bois.

b. C'que

C'est ce que j'ai fait !
C'est ce que j'ai dit !
C'est ce que j'ai pensé !
C'est ce que j'ai cru !
C'est ce que j'ai compris !

> **CORRIGÉS**
> C'est **c(e)** que j'ai fait !
> C'est **c(e)** que j'ai dit !
> C'est **c(e)** que j'ai pensé !
> C'est **c(e)** que j'ai cru !
> C'est **c(e)** que j'ai compris !

c. J'te l'/ Je t'le

Je te le fais tout de suite !
Je te le dirai plus tard !
Je te le prépare ce soir !
Je te le rendrai demain
Je te le donne... OK ?

> **CORRIGÉS**
> **J(e)** te **l(e)** fais tout de suite !
> **J(e)** te **l(e)** dirai plus tard !
> **J(e)** te **l(e)** prépare ce soir !
> **J(e)** te **l(e)** rendrai demain
> **J(e)** te **l(e)** donne... OK ?
> *ou*
> Je **t(e)** le fais tout de suite !
> Je **t(e)** le dirai plus tard !
> Je **t(e)** le prépare ce soir !
> Je **t(e)** le rendrai demain
> Je **t(e)** le donne... OK ?

ACTIVITÉ 4 (B1 et +) L'assimilation

Rappel

Lorsqu'une consonne sourde faisant partie d'une corrélation sourde / sonore est précédée d'une consonne sonore, ou l'inverse, la seconde consonne assourdit ou sonorise la première.

PISTE 21

▶ **Entraînez-vous à prononcer et à compléter les phrases suivantes selon les exemples.**

a. Je crois pas [ʃkʀwapa] qu'il viendra.
   Je peux pas...

89

Je trouve pas...
Je sais pas...
Je connais pas...

b. J'ai pas de chance [ʒɛpatʃɑ̃s] cette année !
Pas de travail
Pas de force
Pas de problème

c. Je (ne) suis pas content(e).
Satisfait(e)
Triste
Susceptible

d. Voilà c(e) que j(e) sais.
Penser, tenter, chercher, croire, faire, savoir

e. C'est tout c(e) que j(e) peux dire.
Faire, proposer, souhaiter, rêver

ACTIVITÉ 5 (B1 et +)

▶ **Lisez en même temps que l'enseignant. Barrez les « e » non prononcés et soulignez ceux qui sont maintenus.**
Variante de cette activité comme exercice de synthèse pour des niveaux plus élevés.
Il est possible de demander aux apprenants de lire cet extrait, de déterminer sans l'aide de l'écoute les « e » stables ou instables, puis de comparer par l'écoute de cet extrait leur version avec celle proposée.

> Je pourrais rentrer chez moi, ce ne serait pas difficile. Il me suffirait de longer la côte, d'emprunter les chemins que je connais par cœur, les routes étroites où j'ai appris à marcher, et je rejoindrais ma maison de poupée, oui, la mienne, pas celle de mes parents, qui a été revendue depuis que mes parents sont partis, mais bien celle dont j'avais franchi la porte en portant Marianne dans mes bras, celle où mon fils est né, et où personne ne m'attend.

Ph. BESSON, *Un instant d'abandon*, Julliard, 2005.

CORRIGÉ
« J(e) pourrais rentrer chez moi, ce n(e) serait pas difficil(e). Il me suffirait d(e) longer la côt(e), d'emprunter les ch(e)mins que j(e) connais par cœur, les rout(e)s étroit(e)s où j'ai appris à marcher, et j(e) rejoindrais ma maison de poupé(e), oui, la mienn(e), pas cell(e) de mes parents, qui a été r(e)vendu depuis qu(e) mes parents sont partis, mais bien cell(e) dont j'avais franchi la port(e) en portant Mariann(e) dans mes bras, cell(e) où mon fils est né, et où personn(e) ne m'attend. »

ACTIVITÉ 6   (B2 et +) Suites de « e ».

▶ **Lisez le texte. Barrez les « e » non prononcés et soulignez ceux qui sont maintenus.**

Je ne comprends pas ce que tu me dis
Mais qu'est-ce que c'est que ça ?
Fais ce que je dis mais pas ce que je fais !
Ah ça, je ne te le fais pas dire !
Je le ferai dès que je le pourrai !
Même s'il me le donnait, je le refuserais.
Je te le prête mais je te le redemanderai dès que j'en aurai besoin
Je ne sais pas si je peux te faire confiance ?

CORRIGÉ

Je n(e) comprends pas c(e) que tu m(e) dis
Mais qu'est-c(e) que c'est qu(e) ça ?
Fais c(e) que j(e) dis mais pas c(e) que j(e) fais !
Ah ça, je n(e) te l(e) fais pas dir(e) !
Je l(e) ferai dès que je l(e) pourrai !
Mêm(e) s'il me l(e) donnait, je l(e) refus(e)rais.
J(e) te l(e) prêt(e) mais j(e) te l(e) red(e)mand(e)rai dès qu(e) j'en aurai besoin.
Je n(e) sais pas si j(e) peux t(e) fair(e) confianc(e) ?

Fiche 6   L'enchaînement et la liaison

Niveau : A1-A2 (Activités 1, 2, 3)
A2-B1 (Activité 4)
B1 et + (Activités 5 et 6)

Objectif

Maîtriser les enchaînements et les liaisons obligatoires dès le niveau A1 et les liaisons facultatives à partir du niveau B1.

Rappel

Un enchaînement est le passage d'une consonne finale toujours prononcée dans la première syllabe du mot suivant (ex : une amie). Toutes les consonnes peuvent être impliquées dans un enchaînement.

Une liaison est l'apparition d'une consonne finale non prononcée dans la première syllabe du mot suivant (ex : un ami).

ACTIVITÉ 1   (A1-A2)

PISTE 22

▸ **Écoutez et notez les enchaînements dans les phrases suivantes.**

[p] un groupe important
[b] une robe à fleurs
[k] Dominique est arrivée
[g] une longue avenue
[t] une petite histoire
[d] une grande amitié
[m] un homme étranger
[n] une bonne entente
[ɾ] la campagne endormie

[f] des griffes acérées
[v] à vive allure
[s] un exercice à trous
[z] une chose interdite
[l] une ville inconnue
[ʀ] ma sœur aînée
[ʃ] il cherche encore
[ʒ] une page écornée
[j] une jeune fille élégante

ACTIVITÉ 2   (A1-A2) Formuler les liaisons obligatoires.

▸ **Exercez-vous aux liaisons obligatoires.**

a. Au préalable, lisez et écoutez l'exemple qui suit.

PISTE 23

[z] → Enfants : les enfants, des enfants, mes enfants, tes enfants, ces enfants, ses enfants, nos enfants, vos enfants, leurs enfants, aux enfants, plusieurs enfants, quelques enfants, certains enfants, de nombreux enfants.

[n] → Enfant : mon enfant, ton enfant, son enfant, un enfant, aucun enfant.

[t] → Tout enfant.

b. À votre tour de vous entraîner aux liaisons obligatoires avec les mots proposés à l'aide des exemples ci-dessus :

– ami	– examen
– objet	– intérêt
– habitude	– oncle
– outil	– image

▶ **Conjuguez les différents verbes proposés avec les pronoms personnels suivants : *nous, vous, ils, elles, on*. Notez les liaisons.**

Exemple : nous arrivons, vous arrivez, ils arrivent, elles arrivent, on arrive.

– Attendre	– Entrer
– Avoir	– Inviter
– Être	– Ordonner
– Applaudir	– Imiter
– Aimer	– Utiliser
– Oublier	– Apercevoir

ACTIVITÉ 3   (A1-A2)

PISTE 24

▶ **Notez tous les enchaînements et les liaisons obligatoires de ce poème de Victor Hugo.**

> Elle avait pris ce pli dans son âge enfantin
> De venir dans ma chambre, un peu, chaque matin ;
> Je l'attendais ainsi qu'un rayon qu'on espère ;
> Elle entrait et disait : « Bonjour, mon petit père »,
> Prenait ma plume, ouvrait mes livres, s'asseyait
> Sur mon lit, dérangeait mes papiers, et riait,
> Puis, soudain, s'en allait comme un oiseau qui passe.
> Alors je reprenais, la tête un peu moins lasse,
> Mon œuvre interrompue, et, tout en écrivant,
> Parmi mes manuscrits je retrouvais souvent
> Quelque arabesque folle et qu'elle avait tracée,
> Et mainte page blanche entre ses mains froissées
> Où, je ne sais comment, venaient mes plus doux vers.
>
> Victor HUGO (1802-1885)

CORRIGÉ	
8 enchaînements	**6 liaisons obligatoires**
Elle avait	son âge
âge enfantin	on espère
Elle entrait	s'en allait

comme un	un oiseau
œuvre interrompue	Mon œuvre
quelque arabesque	tout en écrivant
elle avait	
blanche entre	

ACTIVITÉ 4 (A2-B1) Travailler les liaisons interdites.

PISTE 25

▶ **Pour vous entraîner, lisez ces phrases en faisant les liaisons adéquates. Pour vous corriger, écoutez l'enregistrement.**

Paul et Amélie.

Ici et ailleurs.

Quand êtes-vous arrivés ?

Combien avez-vous d'enfants ?

Le train est à l'heure.

Un restaurant exceptionnel !

Comment avez-vous trouvé ce film ?

Quelqu'un a téléphoné ?

Chacun a sa place.

Qu'ont-ils écrit ?

> **CORRIGÉS**
>
> Paul‿et / Amélie.
>
> Ici et / ailleurs.
> Quand / êtes-vous / arrivés ?
> Combien / avez-vous d'enfants ?
> Le train / est‿à l'heure.
>
> Un restaurant / exceptionnel !
> Comment / avez-vous trouvé ce film ?
> Quelqu'un / a téléphoné ?
> Chacun / à sa place.
> Qu'ont‿ils / écrit ?

ACTIVITÉ 5 (B1 – B2)

▶ À l'aide de chacune de ces transcriptions phonétiques, formez deux phrases différentes comportant des enchaînements et des liaisons. Écrivez-les en faisant attention à l'orthographe.

Exemple : [ilɛtuvɛʀ] il est tout vert / il est ouvert

[setekʀi]

[mɔ̃nɔ̃bʀ]

[lœpʀœmjeʀɔm]

[sõneʃɑ̃ʒ]
[sɛtɛ̃nœf]
[ilɛtɑ̃naʒ]

> **CORRIGÉS**
> c'est écrit / c'est tes cris
> mon ombre / mon nombre
> le premier homme / le premier rhum
> son échange / son nez change
> c'est un œuf / c'est un neuf
> il est en âge / il est en nage

ACTIVITÉ 6   (B1 – B2)

Déroulement de l'activité

• Au préalable, faire noter les phénomènes d'enchaînements et de liaisons de la phrase du refrain « Je veux être un homme heureux ».

> **CORRIGÉS**
> Deux enchaînements (être‿un ; homme‿heureux), une liaison obligatoire (un‿homme) et une facultative (veux‿être).

• Puis faire écouter l'enregistrement et noter tous les enchaînements et les liaisons présents dans la chanson.

• Ensuite, par groupe de deux apprenants, faire comparer les résultats.

• Pour terminer, effectuer la correction collective avec l'enseignant.

PISTE 26

▶ **Notez tous les enchaînements et les liaisons obligatoires et facultatives dans le texte de la chanson de William Sheller « Un homme heureux »** (Éd. Marine Handler).

Pourquoi les gens qui s'aiment
Sont-ils toujours un peu les mêmes ?
Ils ont quand ils s'en viennent
Le même regard d'un seul désir pour deux,
Ce sont des gens heureux.

Pourquoi les gens qui s'aiment
Sont-ils toujours un peu les mêmes ?
Quand ils ont leurs problèmes
Ben y'a rien à dire
Y'a rien à faire pour eux
Ce sont des gens qui s'aiment.

Et moi j'te connais à peine
Mais ce s'rait une veine
Qu'on s'en aille un peu comme eux

On pourrait se faire sans qu'ça gêne
De la place pour deux.
Mais si ça n'vaut pas la peine
Que j'y revienne
Il faut me l'dire au fond des yeux.
Quel que soit le temps que ça prenne
Quel que soit l'enjeu
Je veux être un homme heureux.

Pourquoi les gens qui s'aiment
Sont-ils toujours un peu rebelles ?
Ils ont un monde à eux
Que rien n'oblige à ressembler à ceux
Qu'on nous donne en modèle.

Pourquoi les gens qui s'aiment
Sont-ils toujours un peu cruels ?
Quand ils vous parlent d'eux
Y'a quelque chose qui vous éloigne un peu
Ce sont des choses humaines.

Et moi j'te connais à peine
Mais ce s'rait une veine
Qu'on s'en aille un peu comme eux
On pourrait se faire sans qu'ça gêne
De la place pour deux.
Mais si ça n'vaut pas la peine
Que j'y revienne
Il faut me l'dire au fond des yeux.
Quel que soit le temps qu'ça prenne
Quel que soit l'enjeu
Je veux être un homme heureux
Je veux être un homme heureux
Je veux être un homme heureux.

CORRIGÉ		
21 enchaînements	**21 liaisons obligatoires**	**7 liaisons facultatives**
Pour‿eux	Sont-ils (4)	Gens heureux
Toujours‿un peu (4)	Ils‿ont (3)	Veux être (4)
Comme‿eux (2)	Quand‿ils (3)	Ont un
Dire‿au (2)	Rien‿à (2)	Choses humaines
Être‿un (4)	S'en‿aille (2)	
Homme‿heureux (4)	Des‿yeux (2)	
Monde‿à	Un‿homme (4)	
N'oblige‿à	Vous‿éloigne	
Donne‿en		
Éloigne‿un		

Niveau : A1 (Activité 1)
A2 – B1 (Activités 2 et 3)

Objectif

Maîtriser l'alphabet français.

ACTIVITÉ 1 (A1) Faire travailler l'épellation : nom de famille, prénom… mot nouveau.

> *Exemple 1 :* « Comment vous vous appelez ?
> Anne-Noëlle : a, 2n, e, trait d'union, n, o, e tréma, deux l, e. »

> *Exemple 2 :* « Dominique, c'est un prénom épicène.
> – Un prénom comment ?
> – Un prénom qui s'écrit et se prononce au masculin et au
> féminin de la même façon.
> – Vous pouvez épeler ce mot ?
> – E accent aigu, p, i, c, e accent grave, n, e. »

ACTIVITÉ 2 (A2 – B1) Faire travailler les sigles. (Sélectionner les sigles en fonction du niveau des apprenants.)

▸ **Prononcez les sigles suivants, puis classez-les d'après leur champ sémantique : santé, école, transport, travail, partis politiques et syndicats, géogra-
phie, organisations internationales, société.**

La SNCF, les SDF, le RMI, la BU, une OPA, la TVA, les WC publics, le BEP, un DS, une BD, un TGV, un SOS, un PV, une HLM, une IVG, une FIV, le CHU, la CGT, FO, l'UMP, les DOM-TOM, l'UDF, le FN, le BCG, les MST, la CFDT, le PDG, le PIB, l'ISF, une ONG, une IRM, un ADN, un CAP, un BTS, le CNRS, la SPA, film en VO ou en VF, un VTT, le PS, le PC, le JT, EDF-GDF, le CDD, l'OMS, l'UE, le CDI, l'ANPE, le CNE.

> **CORRIGÉS**
> **Géographie :** les DOM-TOM.
> **Partis politiques et syndicats :** l'UMP, l'UDF, le PS, le PC, le FN, la CGT, la CFDT, FO.
> **Organisations internationales :** une ONG, l'OMS, l'UE.
> **Santé :** une IVG, une IRM, un ADN, une FIV, le CHU, le BCG, les MST, un SOS
> **École :** un CAP, un BTS, la BU, le CNRS, le BEP, un DS
> **Transport :** la SNCF, un TGV, un PV, un VTT.
> **Monde du travail et de l'économie :** le PDG, le PIB, l'ISF, le CDD, le CDI, l'ANPE, le RMI, la TVA, EDF-GDF, une OPA, le CNE.

Société : les SDF, une HLM, les WC publics, la SPA, une BD, un film en VO ou en VF, le JT.

DOM-TOM : départements et territoires d'outre-mer

UMP : union pour une majorité populaire

UDF : union pour la démocratie française

PS : parti socialiste

PC : parti communiste

FN : front national

CGT : confédération générale du travail

CFDT : confédération fédérale et démocratique du travail

FO : force ouvrière

ONG : organisation non gouvernementale

OMS : organisation mondiale de la santé

UE : union européenne

IVG : interruption volontaire de grossesse

IRM : imagerie par résonance magnétique

ADN : acide désoxyribonucléique

FIV : fécondation *in vitro*

CHU : centre hospitalier universitaire

BCG : bacille de Calmette et Guérin

MST : maladies sexuellement transmissibles

SOS : save our soul

CAP : certificat d'aptitude professionnelle

BTS : brevet de technicien supérieur

BU : bibliothèque universitaire

CNRS : centre national de recherche scientifique

BEP : brevet d'études professionnelles

DS : devoir surveillé

SNCF : société nationale des chemins de fer français

TGV : train à grande vitesse

PV : procès-verbal

VTT : vélo tout terrain

PDG : président-directeur général

PIB : produit intérieur brut

ISF : impôt sur la fortune

CDD : contrat à durée déterminée

CDI : contrat à durée indéterminée

ANPE : agence nationale pour l'emploi

RMI : revenu minimum d'insertion

TVA : taxe sur la valeur ajoutée

EDF-GDF : électricité de France-gaz de France

OPA : offre publique d'achat

CNE : contrat nouvelle embauche

SDF : sans domicile fixe

HLM : habitation à loyer modéré

WC : *water closed*

SPA : société protectrice des animaux

BD : bande dessinée

VO/VF : version originale / version française

JT : journal télévisé

ACTIVITÉ 3   (A2 – B1)

▶ **Réécrivez en alphabet normal le poème de Sacha Guitry.**

Économie d'NRJ…!

Monsieur, je suis très OQP
Et maintenant j'en ÉAC
Vous m'ennuyez, vous m'NRV
Vous m'assommez, vous m'emBT.

Sacha GUITRY, *Ô mon bel inconnu* (comédie musicale, 1933)
dans «Théâtre complet» (tome 7), Club de l'honnête homme, 1974.

CORRIGÉ
Énergie, occupé, ai assez, énervez, embêtez.

Fiche 8   Les voyelles fermées [i], [y], [u]

Niveau : A1 – A2 (Activités1 et 2)
B1 – B2 (Activité 3)

Objectif

Faire travailler les voyelles fermées, des suites de voyelles fermées soit [i/y], soit [y/u], en laissant aux apprenants une certaine créativité.

ACTIVITÉ 1   (A1 – A2) Travail à effectuer en sous-groupe.

▶ **Trouvez des verbes ayant dans leur radical le son [u] et conjuguez-les à la 2ᵉ personne du singulier du présent de l'indicatif.**

Exemple : douter → tu doutes

> **CORRIGÉS POSSIBLES**
> Tu boudes
> Tu roules
> Tu couds
> Tu joues
> Tu loues
> Tu goûtes
> Tu démoules

ACTIVITÉ 2   (A1 – A2)

▶ **Observer la structure « Tu........ tout ». Complétez-la avec le verbe de votre choix.**

Exemple : **Tu** aimes **tout**.

> **CORRIGÉS POSSIBLES**
> Tu veux tout
> Tu dis tout
> Tu lis tout
> Tu prends tout
> Tu sais tout
> Tu manges tout
> Tu répares tout

Activité 3   (B1 – B2)

PISTE 27

▶ **Lisez à haute voix, en articulant le mieux possible, les deux textes suivants.**

1. Un jour de canicule sur un véhicule où je circule, gesticule un funambule
au bulbe minuscule, à la mandibule en virgule et au capitule ridicule. Un
somnambule l'accule et l'annule, l'autre articule : « crapule », mais dissimule
ses scrupules, recule, capitule et va poser ailleurs son cul.

Raymond Queneau, Exercices de style, Gallimard, 1947.

2. Poème

« Quant à Moi ! », dit la Virgule,
j'articule et je module.
Minuscule, mais je régule
les mots qui s'emportaient !

J'ai la forme d'une Péninsule ;
À mon signe la phrase bascule.
Avec grâce je granule
le moindre petit opuscule.

Quant au point !
Cette tête de mule
qui se prétend mon cousin !

Voyez comme il se coagule,
on dirait une pustule,
au mieux : un grain de sarrasin.

Je le dis sans préambule :
les poètes funambules
qui, sans Moi, se véhiculent,
finiront sans une notule
au Grand Livre du Destin ! »

Andrée Chédid, « Pavane de la Virgule »,
Éd. Folle Avoine, 1998.

Fiche 9

Les voyelles mi-fermées, mi-ouvertes [e]/[ə] [o]/[ɔ]

Niveau : A1 – B1

Objectif : [e]/[ɛ] [o]/[ɔ]

ACTIVITÉ 1

PISTE 28

▶ **Relevez tous les [e]/[ɛ] [o]/[ɔ] présents dans ce poème de Victor Hugo, extrait** des *Contemplations.*

> Mes vers fuiraient, doux et frêles,
> Vers votre jardin si beau,
> Si mes vers avaient des ailes,
> Des ailes comme l'oiseau.
>
> Ils voleraient, étincelles,
> Vers votre foyer qui rit,
> Si mes vers avaient des ailes,
> Des ailes comme l'esprit.
>
> Près de vous, purs et fidèles,
> Ils accourraient nuit et jour,
> Si mes vers avaient des ailes,
> Des ailes comme l'amour.

Victor Hugo, *Les Contemplations*, 1856.

CORRIGÉS

Mes vers fuiraient, doux et frêles,
  [e] [ɛ]   [ɛ]   [e] [ɛ]
Vers votre jardin si beau,
[ɛ] [ɔ]   [o]
Si mes vers avaient des ailes,
   [e] [ɛ]   [ɛ]   [e] [ɛ]
Des ailes comme l'oiseau.
[e] [ɛ] [ɔ]   [o]
Ils voleraient, étincelles,
   [ɔ] [ɛ] [e] [ɛ]
Vers votre foyer qui rit,
[ɛ] [ɔ]   [e]

Si mes vers avaient des ailes,
  [e] [ɛ]   [ɛ]   [e] [ɛ]
Des ailes comme l'esprit.
  [e] [ɛ]   [ɔ]   [ɛ]
Près de vous, purs et fidèles,
  [ɛ]   [ɛ]
Ils accourraient nuit et jour,
        [ɛ]   [e]
Si mes vers avaient des ailes,
  [e] [ɛ]   [ɛ]   [e] [ɛ]
Des ailes comme l'amour.
  [e] [ɛ]   [ɔ]

ACTIVITÉ 2   Quand il y a deux versions enregistrées, la première correspond plutôt à l'accent « pointu » des Parisiens et la deuxième à l'accent méridional.

PISTE 29

▶ **Entraînez-vous à lire de plus en plus vite les comptines suivantes.**

• En [ɔ]
Un petit bonhomme
Assis sur une pomme.
La pomme dégringole,
Le petit bonhomme s'envole
Sur le toit de l'école.

• En [ɛ] et [o]
La mère Angot
Est en colère
Elle a mangé
Trop de pommes de terre
Et son mari
Trop de haricots
Vive la mère Angot.

• En [e] et [ɛ]
Dans son jardinet [e] ou [ɛ]
Coquet [ɛ]
Y a une fillette [ɛ]
Coquette [ɛ]
Avec des socquettes [e] ou [ɛ]
Et un béret [e] ou [ɛ]
Violet [e] ou [ɛ]
Qui cueille du muguet [e] ou [ɛ]
Tout frais. [e] ou [ɛ]

Fiche 10 — Les voyelles nasales

Niveau : A2 – B1

Objectif

Savoir reconnaître les différentes voyelles nasales et leurs graphies.

ACTIVITÉ 1

PISTE 30

▶ Écoutez le texte de la chanson Cézanne peint. Puis complétez le tableau ci-dessous avec les différents mots du texte comportant des nasales.

> Silence les grillons
> Sous les branches immobiles
> Les arbres font des rayons
> Et des ombres subtiles
>
> Silence dans la maison
> Silence sur la colline
> Ces parfums, qu'on devine
> C'est l'odeur de saison
>
> Mais voilà l'homme
> Sous son chapeau de paille
> Des taches plein sa blouse
> Et sa barbe en bataille
>
> Cézanne peint
> Laisse s'accomplir la magie de ses mains
> Cézanne peint
> Il éclaire le monde pour nos yeux qui ne voient rien
> Si le bonheur existe
> C'est une épreuve d'artiste
> Cézanne sait bien
>
> Vivre la lumière
> Chanter les couleurs
> Il y met sa vie
> Le bruit de son cœur
> Et comme un bateau

Porté par sa voile
Doucement le pinceau
Glisse sur la toile

Et voilà l'homme
Qui croise avec ses yeux
Le temps d'un éclair
Le regard des dieux

Cézanne peint
Laisse s'accomplir le prodige de ses mains
Cézanne peint
Il éclaire le monde pour nos yeux qui ne voient rien
Si le bonheur existe
C'est une épreuve d'artiste
Cézanne sait bien
Quand Cézanne peint
Cézanne peint.
(D.R.)

[ɛ̃]	[ã]	[ɔ̃]	Voyelles orales + consonnes nasales

CORRIGÉS

[ɛ̃]	[ã]	[ɔ̃]	Voyelles orales + consonnes nasales
parfums, plein, peint, mains, rien, bien, un, pinceau,	silence, branches, dans, en, chanter, doucement, temps, quand	grillons, font, rayons, ombres, maison, on, saison, son, s'accomplir, monde	immobiles, colline, devine, homme, Cézanne, bonheur, une, comme

ACTIVITÉ 2

▶ Quelles sont, dans le même texte que précédemment, les différentes graphies de ces trois nasales ? Complétez le tableau.

Enfin vous terminerez le tableau en inscrivant les autres graphies que vous connaissez pour ces trois nasales.

[ɛ̃]	[ã]	[ɔ̃]

CORRIGÉS

[ɛ̃]	[ã]	[ɔ̃]
in	en/em	on/om
ein	an	
ien		
ain		
un/um		

Autres graphies :

– [ɛ̃] : im, aim, yn, ym, en (agenda, examen), éen (coréen), yen (moyen)

– [ã] : am, aon (→ un paon [pã])

Niveau A2

Objectif

Faire travailler l'opposition voyelle orale et voyelle nasale, l'opposition masculin/féminin, singulier/pluriel et l'orthographe des mots et des verbes.

Alternance vocalique [ɛ̃]/[yn], [ɛ̃]/[ɛn], [ɛ̃]/[in]

ACTIVITÉ 1   Opposition [ɛ̃]/[yn], un/une qui, à l'oral, porte seule pour certains mots l'opposition masculin/féminin, alors que l'écrit en général marque cette différence.

Rappel

• Ces deux voyelles sont différentes, l'une est orale et l'autre nasale.

• Quand le mot qui suit commence par une voyelle (exercice 1) : au masculin et au féminin vous devez entendre le « n » avec la voyelle suivante.
Dans l'exercice 1 : un ami, une amie = [ɛ̃nami], [ynami].

• Quand le mot qui suit commence par une consonne (exercice 2) : au masculin le « n » disparaît complètement. On n'entend que la voyelle nasale [ɛ̃].
Au féminin le « n » se prononce nettement après la voyelle orale [y].

PISTE 31

▸ **Écoutez quelques exemples puis lisez les phrases et répétez-les à haute voix.**

1.

C'est un ami	C'est une amie
C'est un élève	C'est une élève
C'est un enfant	C'est une enfant
C'est un abonné	C'est une abonnée
C'est un artiste	C'est une artiste
C'est un inconnu	C'est une inconnue
C'est un imbécile	C'est une imbécile
C'est un oriental	C'est une orientale

2.

C'est un pianiste	C'est une pianiste
C'est un violoniste	C'est une violoniste
C'est un cycliste	C'est une cycliste
C'est un communiste	C'est une communiste

C'est un monarchiste   C'est une monarchiste
C'est un syndicaliste   C'est une syndicaliste
C'est un touriste   C'est une touriste
C'est un économiste   C'est une économiste

ACTIVITÉ 2   Jeu lexical et phonétique

▸ **Associez dans chaque phrase un mot féminin à un mot masculin du même champ sémantique ou l'inverse.**

Mot/phrase, livre/lettre, papier/feuille, camion/voiture, appareil-photo/caméra, verre/tasse, stylo/ craie, etc.

Exemple :   Donnez-moi un mot   Donnez-moi *une phrase*
                Donnez-moi une phrase   Donnez-moi *un mot*

Donnez-moi...   Donnez-moi...

CORRIGÉS .
Donnez-moi un mot   Donnez-moi une phrase
Donnez-moi un livre   Donnez-moi une lettre
Donnez-moi un papier   Donnez-moi une feuille
Donnez-moi un camion   Donnez-moi une voiture
Donnez-moi un appareil-photo   Donnez-moi une caméra
Donnez-moi un verre   Donnez-moi une tasse
Donnez-moi un stylo   Donnez-moi une craie

ACTIVITÉ 3   Travailler les oppositions phonologiques et sémantiques [in]/[ɛ̃] ou [ɛn]/[ɛ̃] et l'orthographe de la voyelle nasale.

Remarque : pour les niveaux A1 et A2, il vaut mieux commencer par le féminin et prononcer ensuite le masculin.

▸ **Donnez le masculin de ces noms, pronoms et adjectifs.**

• [ɛn]	[ɛ̃]	[ɛn]	[ɛ̃]
américaine	américain	la tienne	
canadienne		la sienne	
comédienne		saine	
pharmacienne		humaine	
chirurgienne		ancienne	
chrétienne		moyenne	
la mienne		citoyenne	

CORRIGÉS
Canadien, comédien, pharmacien, chirurgien, chrétien, le mien, le tien, le sien, sain, humain, ancien, moyen, citoyen.

• [in]	[ɛ̃]	[in]	[ɛ̃]
argentine	argentin	féminine	
fine		cousine	
coquine		gamine	
enfantine		divine	

CORRIGÉS
Fin, coquin, enfantin, féminin, cousin, gamin, divin.

▸ **Ces verbes sont à la 3e personne du singulier du présent de l'indicatif. Mettez-les à la 3e personne du pluriel. Lisez à haute voix.**

• [ɛ̃]	[ɛn]	[ɛ̃]	[ɛn]
il vient	ils viennent	il te prévient	
il y tient		cet horaire me convient	
il se souvient			

CORRIGÉS
Ils y tiennent, ils se souviennent, ils te préviennent, ces horaires me conviennent.

Alternance vocalique [ɔ̃]/[ɔn]

ACTIVITÉ 4   Travailler les oppositions phonologiques [ɔn]/ [ɔ̃]

1. Adjectifs

▸ **Passez du féminin au masculin puis faites l'inverse.**
Exemple : bonne ⟷ bon

longue	patronne
friponne	baronne
mignonne	bretonne
championne	bourguignonne

CORRIGÉS
Long, fripon, mignon, champion, patron, baron, breton, bourguignon.

2. Noms + verbes

▸ **Passez du nom au verbe puis faites l'inverse.**
Exemple : un soupçon ⟷ soupçonner

une rançon	un don
une moisson	une solution
un frisson	une fonction
un tampon	une raison
un bougon	une prison

un ronchon   un ton

un son

Alternance vocalique [ã]/[an]

ACTIVITÉ 5 Travailler les oppositions phonologiques [an]/ [ã] et l'orthographe de la voyelle nasale.

Remarque : pour les niveaux A1 et A2, il vaut mieux commencer par le féminin et prononcer ensuite le masculin.

▶ **Écoutez ces mots féminins. Prononcez la forme masculine correspondante à haute voix et écrivez-la.**

[an]		[ã]
paysanne	⟷	paysan
gitane		
occitane		
sultane		
partisane		
afghane		
birmane		
Jeanne		
persane		

Niveau : A1 – A2

Objectif

Maîtriser la durée des voyelles, nasales et orales.

Les voyelles nasales

Rappel : toutes les voyelles nasales sont longues en syllabe accentuée lorsqu'elles sont suivies d'une consonne dans la même syllabe (Ex. : blonde [ɔ̃ː])

ACTIVITÉ 1   [õ]/[õː]

▸ Mettez ces adjectifs au féminin. Puis prononcez d'abord dans le sens masculin → féminin et ensuite dans le sens féminin → masculin.

Blond   ↔   blonde
Rond
Long
Second
Profond
Furibond
Prompt

▸ Mettez ces verbes à la 3ᵉ personne du pluriel.

Il confond   ↔   ils confondent
Il tond
Il répond
Il correspond

ACTIVITÉ 2   [ã] /[ãː]

▸ Écrivez ces adjectifs au féminin puis lisez les deux formes.

Grand   ↔   grande
Lent   ↔   lente
Content
Charmant
Méchant
Bruyant
Insouciant
Souriant

▶ Mettez ces verbes à la 3e personne du pluriel et lisez les deux formes.

Il entend   ↔   ils entendent

Il attend

Il vend

Il ment

Il dépend

Il se détend

ACTIVITÉ 3   [ɛ̃] → [ɛ̃ː]

▶ Passez au féminin, puis donnez l'infinitif du verbe correspondant.
Lisez les trois formes.

Peint → peinte → peindre

Craint

Empreint

Contraint

Plaint

Feint

Les voyelles orales

Rappel : lorsque les voyelles orales sont accentuées, elles sont longues en syllabe fermée devant [ʀ, v, z, ʒ].
Écoutez la différence lorsque la syllabe est ouverte et que la voyelle n'est pas suivie de consonne.

gris [gʀi]/grise [gʀiːz] – le dos [do]/la dose [doːz]

ACTIVITÉ 4

PISTE 32

▶ Écoutez les mots prononcés puis classez-les dans le tableau selon que la voyelle est longue ou non.

• Avec [z]

La bise, la crise, la mise, il vise, il vit, elle est comprise, il a compris, la vie, il use, il ruse, la rue, ruser, silencieuse, peureuse, curieuse, heureuse, heureusement, malheureuse, creuser, silencieusement, pause, dose, rose, cause, écrase, en phase, écraser.

• Avec [v]

Rive, rêve, grève, rave, ravin, mauve, sauve, ils peuvent, rivage, étrave.

• Avec [ʀ]

Il perd, il part, il sort, il mord, il sert, sortie, il est parti, le tort, le bord, le port, le tir, le cœur, la tortue, la porte.

• Avec [ʒ]

Page, beige, bouge, toge, luge, tige, il bougera, cageot, rivage.

CORRIGÉS	
Voyelle longue	**Voyelle courte**
La bise, la crise, la mise, il vise, elle est comprise, il use, il ruse, silencieuse, peureuse, curieuse, heureuse, malheureuse, pause, dose, rose, cause, écrase, en phase, rive, rêve, grève, rave, mauve, sauve, ils peuvent, étrave, il perd, il part, il sort, il mord, il sert, le tort, le bord, le port, le tir, le cœur, page, beige, bouge, toge, luge, tige, rivage [vaːʒ].	Il vit, il a compris, la vie, la rue, ruser, heureusement, creuser, silencieusement, écraser, ravin, rivage [ʀiv], sortie, il est parti, la tortue, la porte, il bougera, cageot.

ACTIVITÉ 2

▶ Faites des phrases avec les mots précédents ou d'autres mots ayant les mêmes caratéristiques.

Fiche 13 Les semi-voyelles

Niveau : A2

Objectif

Maîtriser les trois semi-voyelles du français.

ACTIVITÉ 4

PISTE 33

1. [ɥ]

• **u + voyelle**

▸ Écoutez attentivement l'enregistrement et répétez les mots suivants :
tuer, puer, suer, muer, diluer, nuée, buée.

• **u + i**

▸ Écoutez attentivement l'enregistrement et répétez les mots suivants :
lui, fruit, bruit, pluie, ennui, s'enfuir, puits.

2. [w]

▸ Écoutez attentivement l'enregistrement et répétez les mots suivants :
• Louis, loi, s'asseoir, loyer, moyen, loin, je vois, j'envoie, il aboie.
• Je crois, le droit, j'ai froid, la proie, la gloire, l'emploi.

▸ Écoutez attentivement l'enregistrement et répétez les mots suivants :

ils ont avoué	louer	il a loué	il est doué
jouer		déjouer	rejouer.

▸ Écoutez attentivement l'enregistrement et répétez les phrases suivantes :

– J'ai troué mon pantalon.
– Elle a noué ses cheveux avec
une barrette.
– Il a renoué avec sa famille.

– Il a été roué de coups.
– Il est enroué.
– Le lacet de sa chaussure est dénoué.
– Il a dépensé toute la somme d'argent
qu'on lui a alloué.

3. [j]

a. Travailler les oppositions suivantes [j]/[l]

▶ Écoutez l'enregistrement et entourez le mot que vous avez entendu.

[j]	[l]
fouille	foule
bille	bile
seuil	seul
paille	pâle
paye	pelle
rouille	roule
mouille	moule
bouille	boule
baille	balle
ouille	houle

CORRIGÉS

[j]	[l]
fouille	
	bile
	seul
paille	
	pelle
rouille	
mouille	
bouille	
	balle
ouille	

b. Repérez les prononciations différentes pour les mots monosyllabiques et les polysyllabiques.

▶ **Selon les modèles fournis, complétez les tableaux et lisez à haute voix. Prenez soin d'ajouter ou non un [j] selon le cas.**

• Les mots monosyllabiques avec deux consonnes

[i]	[ij]	[ij]	[ij]	[ij]
Prie	prier	prions	en priant	la prière
Cri				la criée
Pli				la pliure
Tri	trier	trions	en triant	le triage

Remarque : pour tous ces verbes, il n'y a pas de différence de prononciation entre le présent et l'imparfait de l'indicatif pour la première et la deuxième personne du pluriel.

Exemples :   nous prions   nous priions
            vous priez   vous priiez.

• Les mots polysyllabiques

[i]	[j]	[j]
Étudie	étudier	nous étudions
Congédie		nous congédions
Mari		
Pari		
Envie		vous l'enviez ?
Coloris	colorier	

CORRIGÉS

[i]	[ij]	[ij]	[ij]	[ij]
Prie	prier	prions	en priant	la prière
Cri	crier	crions	en criant	la criée
Pli	plier	plions	en pliant	la pliure
Tri	trier	trions	en triant	le triage

[i]	[j]	[j]
Étudie	étudier	nous étudions
Congédie	congédier	nous congédions
Mari	marier	nous nous marions
Pari	parier	nous parions
Envie	envier	vous l'enviez?
Coloris	colorier	vous coloriez

c. Suffixe [jɔ̃]

▶ Retrouvez comme dans l'exemple ci-dessous les mots dérivés comportant le suffixe [jɔ̃] :

Exemple : Opérer → opération

Consterner →
Consoler →
Améliorer →
Imiter →
Immigrer →
Déclarer →
Agiter →

CORRIGÉS
Consterner → consternation
Consoler → consolation
Améliorer → amélioration
Imiter → imitation
Immigrer → immigration
Déclarer → déclaration
Agiter → agitation

Fiche 14

Plus : [ply], [plys], [pluz]

Niveau : A1 – A2 (Activités 1 et 2)
B1 (Activité 3)

Objectif

Travailler la prononciation de « plus ». Deux sens très différents, négatif et positif, et trois formes possibles.

ACTIVITÉ 1   (A1 – A2)

▶ **Faites un dialogue avec votre voisin. Dites le contraire comme dans l'exemple. Puis recommencez l'exercice en inversant les rôles.**

a. Comparatif/superlatif avec un adjectif : « plus » ou « moins » + consonne.
– *Il est moins courageux que Pierre.*
– *Mais non, il est plus courageux que Pierre ! C'est l'homme le plus courageux que je connaisse.*

À vous !
Il est moins généreux que Pierre.
Il est moins bavard que Pierre.
Il est moins gentil que Pierre.
Il est moins patient que Pierre.
Il est moins tolérant que Pierre.
Il est moins discret que Pierre.

b. Comparatif/superlatif avec un adjectif : « plus » ou « moins » + voyelle.
– *Il est moins intelligent que Pierre.*
– *Mais non, il est plus intelligent que Pierre ! C'est l'homme le plus intelligent que je connaisse.*

À vous !
Il est moins ouvert que Pierre.
Il est moins orgueilleux que Pierre.
Il est moins inventif que Pierre.
Il est moins élégant que Pierre.
Il est moins arriviste que Pierre.
Il est moins exigeant que Pierre.

ACTIVITÉ 2   (A1 – A2)

Comparatif avec un adverbe : « plus » [plys]

▶ À deux, posez la question à votre voisin qui vous répond.
— *Les hommes mangent plus que les femmes ou les femmes mangent plus que les hommes ?*
— *Pour moi, ce sont...*

À vous !

Les hommes boivent plus...   Les hommes rient plus...
Les hommes pleurent...   Les hommes écrivent...
Les hommes parlent...   Les hommes voyagent...
Les hommes créent...   Les hommes gagnent...

ACTIVITÉ 3   (B1)

▶ Lisez les phrases suivantes et complétez le tableau. Attention certains « plus » peuvent avoir deux prononciations selon le registre choisi : courant ou soutenu. Puis vérifiez vos réponses avec le corrigé.

	Négation	Comparatif/ superlatif	Réalisation		
			[ply]	[plys]	[plyz]
Il n'y a plus de pain					
Cette voiture consomme deux fois plus					
Je n'ai rien vu de plus joli					
Je ne veux plus avoir affaire à lui					
Il neige bien plus que tout à l'heure					
C'est l'artisan le plus habile					
Il n'est pas plus haut que trois pommes					
J'ai calculé au plus juste					
Je n'ai plus le temps d'aller au cinéma					
Ce que j'aime le plus chez elle, c'est son sourire					
Il faudrait avoir plus de temps					
Il n'a plus aucun ami					
Cette pièce est bien plus grande					
Elle a deux ans de plus que son frère					
Elle m'appelle de plus en plus souvent					
C'est la période la plus heureuse de sa vie					
Non merci, je n'en veux plus					
Un peu plus, s'il vous plaît					
Je l'aime plus que tout					
Je ne l'aime plus du tout					

CORRIGÉ

	Négation	Comparatif/ superlatif	Réalisation		
			[ply]	[plys]	[plyz]
Il n'y a plus de pain	x		x		
Cette voiture consomme deux fois plus		x		x	
Je n'ai rien vu de plus joli		x	x		
Je ne veux plus avoir affaire à lui	x		x		x*
Il neige bien plus que tout à l'heure		x		x	
C'est l'artisan le plus habile		x			x
Il n'est pas plus haut que trois pommes		x	x		
J'ai calculé au plus juste		x	x		
Je n'ai plus le temps d'aller au cinéma	x		x		
Ce que j'aime le plus chez elle, c'est son sourire		x		x	
Il faudrait avoir plus de temps		x		x	
Il n'a plus aucun ami	x		x		x*
Cette pièce est bien plus grande		x	x		
Elle a deux ans de plus que son frère		x		x	
Elle m'appelle de plus en plus souvent		x	x (2ᵉ)		x (1ᵉʳ)
C'est la période la plus heureuse de sa vie		x			x
Non merci, je n'en veux plus	x		x		
Un peu plus, s'il vous plaît		x		x	
Je l'aime plus que tout		x		x	
Je ne l'aime plus du tout		x	x		

* la liaison sa fait dans un registre plus soutenu.

Fiche 15

Niveau : A1 (activité 1)
et A2 – B1 (Activité 2)

Objectif

Travailler l'opposition consonantique sourde/sonore surtout quand elle joue un rôle morphologique.

ACTIVITÉ 1   (A1) Travailler des suites consonantiques

L'exercice peut être fait de plusieurs façons : soit comme exercice de discrimination auditive, soit comme exercice de production.

PISTE 34

▶ **Exercices de discrimination auditive**

1. Laquelle de ces deux formes entendez-vous ?

Ils sont	☐	ils ont	☐
Ils s'aiment	☐	ils aiment	☐
Ils s'écrivent	☐	ils écrivent	☐
Ils s'entendent	☐	ils entendent	☐
Ils s'écoutent	☐	ils écoutent	☐
Ils s'aident	☐	ils aident	☐
Ils s'avancent	☐	ils avancent	☐
Ils s'informent	☐	ils informent	☐
Ils s'imaginent	☐	ils imaginent	☐

2. Dans quel ordre entendez-vous ces deux formes ?

		[s] puis [z]	[z] puis [s]
Ils sont	ils ont		
ils aiment	Ils s'aiment		
ils écrivent	Ils s'écrivent		
Ils s'entendent	ils entendent		
ils écoutent	Ils s'écoutent		
Ils s'aident	ils aident		
Ils s'avancent	ils avancent		
ils informent	Ils s'informent		
ils imaginent	Ils s'imaginent		

▶ Exercices de production

3. Répétez les deux formes entendues.

Ils sont	ils ont
Ils s'aiment	ils aiment
Ils s'écrivent	ils écrivent
Ils s'entendent	ils entendent
Ils s'écoutent	ils écoutent
Ils s'aident	ils aident
Ils s'avancent	ils avancent
Ils s'informent	ils informent
Ils s'imaginent	ils imaginent

4. Prononcez la forme que vous n'entendez pas.
(Utiliser l'enregistrement 1.)

ACTIVITÉ 2 (A2 – B1) Travailler les suites consonantiques qui posent problèmes aux apprenants des niveaux plus avancés. Lire au groupe classe ou faire lire en groupes. On peut aussi leur faire produire de nouveaux énoncés par groupes qu'ils s'échangent et lisent à haute voix.

▶ Notez l'ordre dans lequel vous entendez les consonnes indiquées.

Exemple : Un petit bateau   Un bateau petit   [p] [b]   [b] [p]

• [p] [b]

Des petits pois	Des pois tout petits
Du bon pain	Du bon pain bis
Une page blanche	Une belle page blanche

• [t] [d]

Tu dors ?	Dors-tu ?
Tu doutes ?	Doutes-tu ?
Tu danses ?	Danses-tu ?
Tu me demandes quelque chose ?	Me demandes-tu quelque chose ?
Tu dis oui ?	Dis-tu oui ?

• [k] [g]

Quand veux-tu le goûter ?	Tu veux le goûter quand ?
Jusqu'à quand le garder ?	Le garder jusqu'à quand ?
Comment gagner ?	Gagner comment ?
Comment grossir ?	Grossir comment ?

• [f] [v]

Une vraie femme	Une femme vraie
Vous faites quoi ?	Que faites-vous ?
Vous êtes fou ?	Fou, vous l'êtes ?
Un voyage fabuleux	Un fabuleux voyage

• [s] [z]

Le 16, je sors

Je sors le 16

Le 13, ils se marient

Ils se marient le 13

Le 11, elles skient

Elles skient le 11

Le 12, ils sont opérés

Ils sont opérés le 11.

• [ʃ] [ʒ]

Un chant joli

Un joli chant

Un choix juste

Le juste choix

Un chat jeune

Un jeune chat

Un chien gentil

Un gentil chien

Jean chante et Charles joue.

Jacques cherche et Charlotte jubile.

Fiche 16

Les consonnes sifflantes et chuintantes

Niveau : A2 (Activité 1)
B1 – B2 (Activité 2)
B2 et + (Activité 3)

Objectif

Distinguer les sons [ʃ] [ʒ] [s] [z], apprendre à les prononcer et maîtriser leurs graphies.

Activité 1 (A2) En fonction du groupe, faire le bruit des animaux (l'abeille et le serpent), trouver une gestuelle spécifique à chaque animal et jouer les comptines.

PISTE 35

▶ **À partir de deux comptines traditionnelles, entraînez-vous à articuler les deux sons** [s] [z].

Zzz Zzz Zzz	Sss Sss Sss
L'abeille choisit	Siffle le serpent
La plus belle rose	Le serpent qui danse,
Pour se reposer	Danse et se balance,
L'abeille se pose	Au son des cymbales,
Sur la rose	Sur un air de valse
Et boit la rosée	Que jouent les cigales

Activité 2 (B1 – B2)

PISTE 36

▶ **Écoutez et complétez le texte de la chanson « Lausanne » de Lionel Dameï et Alain Klingler avec les sons** [s] [z].

Je ne _ais toujours pas où po_er mes vali_es
Mar_eille ou bien Paris le dé_ert la banqui_e
_es jours derniers je _uis dé_e_péré mais calme
_'est une humeur parfaite pour me rendre à Lau_anne

Et réapprendre à vivre
Mai_ alors dou_ement
Me faire une le_ive
Mettre du coton blanc
_ur mes plaies toujours vives
Et tâter du divan

Voilà _'est dit _'est fait ma dé_i_ion est pri_e
Je lai__e derrière moi tout _e qui m'hy_téri_e
J'ai envie de civi_me de quotidien _ans drame
De répon_es pré_i_es et Lau_anne a du charme

Pour continuer de vivre
En me_urant le temps
Étendre ma le_ive
Envoyer à mes gens
De très longues mi__ives
Des vues du lac Leman

_'est dur la _olitude je m'ennuie je m'enli_e
Vivement que quelqu'un m'arrive car je fri_e
L'explo_ion et tout _a fera tache à Lau_anne
Per_onne à l'hori_on je repars pour Paname

Pour tenter de _urvivre
Parmi les requins blancs
Et les vapeurs no_ives
Tous _es gen_ importants
Préten_ieuse_ endives
Et nous _imples pa_ants

_e ne _ais toujours pas où po_er mes vali_es
Et _ette chan_on pa_e Jacques Brel les Marqui_es
_'est quand même un peu loin _i j'y vais à la rame
Après tout j'étais bien _an_ hi_toires à Lau_anne.

CORRIGÉS

Je ne sais toujours pas où poser mes valises
Marseille ou bien Paris le désert la banquise
Ces jours derniers je suis désespéré mais calme
C'est une humeur parfaite pour me rendre à Lausanne

Et réapprendre à vivre
Mais alors doucement
Me faire une lessive
Mettre du coton blanc
Sur mes plaies toujours vives
Et tâter du divan

Voilà c'est dit c'est fait ma décision est prise
Je laisse derrière moi tout ce qui m'hystérise
J'ai envie de civisme de quotidien sans drame
De réponses précises et Lausanne a du charme

Pour continuer de vivre
En mesurant le temps

Étendre ma lessive
Envoyer à mes gens
De très longues missives
Des vues du lac Léman

C'est dur la solitude je m'ennuie je m'enlise
Vivement que quelqu'un m'arrive car je frise
L'explosion et tout ça fera tache à Lausanne
Personne à l'horizon je repars pour Paname

Pour tenter de survivre
Parmi les requins blancs
Et les vapeurs nocives
Tous ces gens importants
Prétentieuses endives
Et nous simples passants

Je ne sais toujours pas où poser mes valises
Et cette chanson passe Jacques Brel les Marquises
C'est quand même un peu loin si j'y vais à la rame
Après tout j'étais bien sans histoires à Lausanne.

▶ **a.** Quelles liaisons fait le chanteur ?

b. Dans quels mots peut-on entendre le son [s] et le son [z] ?

c. Quelles sont les graphies du [s] et du [z] ?

CORRIGÉS
a. mais alors, gens importants, prétentieuses endives, sans histoires.
b. désespéré, décision, hystérise, précises, prétentieuses.
c. [s] : s, c + e, i, y, ss, s + consonne, ç + a, o, u, t + ion
   [z] : voyelle + s + voyelle, z + voyelle, voyelle + z + voyelle.

ACTIVITÉ 3   (B2 et +)

PISTE 37

Remarque : lorsqu'on murmure, l'articulation est renforcée au niveau des lèvres, ce qui aidera les apprenants à différencier les sifflantes des chuintantes.

▶ **Lisez ce texte de Claude Roy en le murmurant. Puis repérez les [ʃ] [ʒ] [s] [z] avec une couleur différente.**

L'oiseau futé

À quoi bon me fracasser,
dit l'oiseau sachant chanter
au chasseur sachant chasser
qui voulait le fricasser.

Si tu me fais trépasser,
chasseur au cœur desséché
tu n'entendras plus chanter
l'oiseau que tu pourchassais.

Mais le chasseur très froissé
dit à l'oiseau tracassé :
je n'aime pas la musique
et tire un coup de fusique*.

Le chasseur manque l'oiseau
qui s'envole et qui se moque.
Le chasseur se sent bien sot,
et l'oiseau lui fait la nique.

Après tout, dit le chasseur,
j'aime beaucoup la musique.
Moi-z-aussi** fit le siffleur
se perchant sur le fusique.

CLAUDE ROY, *Enfantasques*, Gallimard

* fusique : Claude Roy s'amuse à transformer le mot *fusil* pour le faire rimer avec le mot *musique*.

** moi-z-aussi : Claude Roy reprend une erreur de liaison fréquente en français familier qui est réalisée sur le modèle de « vous aussi » [vuzosi], « nous aussi » [nuzosi].

CORRIGÉS

[ʃ] sachant, chanter, chasseur, chasser, desséché, pourchassais, perchant

[ʒ] je, j'aime

[s] fracasser, sachant, chasseur, chasser, fricasser, Si, trépasser, desséché, pourchassais, froissé, tracassé, s'envole, se, sent, sot, siffleur, sur

[z] oiseau, musique, fusique, Moi-z-aussi

Fiche 17 — Les consonnes géminées

Niveau : B1 – C1 (Activités 1 et 2)
A2 – B1 (Activité 3)

Objectif

Sensibiliser essentiellement les apprenants à l'audition des consonnes géminées.

Remarque : pour certaines nationalités, notamment les Italiens, le phénomène existe dans leur propre langue, ce qui leur permet de surmonter facilement cette difficulté.

ACTIVITÉ 1   (B1 – C1)

PISTE 38

▶ **Écoutez et répétez les phrases ou groupe de mots suivants.**

[p] il ne coupe pas
     il ne frappe plus

[t] une bête terrifiante
     une fillette timide

[k] un bac carré
     un bec cassé

[b] une robe bleue
     un tube bouché

[d] il vient de dormir
     cela vient de derrière
     mets-le dedans

[g] une bague garantie
     un épilogue gai

[f] neuf fois
     un œuf fêlé

[s] on se sauve
     ça se soigne
     on se souviendra de ça

[v] une cave voûtée
     une veuve voyageuse

[z] une serveuse zélée
     une phrase zézayée

[m] comme maman
nous sommes mariés

[n] bonne nuit
bonne nouvelle

[l] celle-là Paul ?
il l'a dit

[ʀ] il espérera toujours
il courrait

[ʃ] une bouche charnue
une moustache charmante

[ʒ] un ménage jaloux
une page jaune

ACTIVITÉ 2   (B1 – C1)

PISTE 39

▸ **Écoutez et dites quelle phrase vous entendez.**

1. Il vient de dormir ?
Il vient dormir ?

2. Comme maman ?
Comme amant ?

3. Il a compris ?
Il l'a compris ?

4. Il mourait sans son chien ?
Il mourrait sans son chien ?

5. Une oie de Grenoble ?
Une noix de Grenoble ?

6. Neuf oies ?
Neuf fois ?

7. Il vend des légumes ?
Ils vendent des légumes ?

8. Il a dit que tu partais ?
Il l'a dit que tu partais ?

9. Celle-là Paul ?
Celle à Paul

10. Il courrait
Il courait

CORRIGÉS
1. Il vient de dormir
2. Comme amant
3. Il l'a compris
4. Il mourait sans son chien
5. Une oie de Grenoble
6. Neuf oies
7. Ils vendent des légumes
8. Il l'a dit que tu partais
9. Celle à Paul
10. Il courait

ACTIVITÉ 3 (A2 – B1)

PISTE 40

▸ **Mettez les phrases suivantes au pluriel.**

Exemple : Il part tout à l'heure → ils partent tout à l'heure

1. Il attend dehors
2. Il boit vraiment beaucoup
3. Elle veut louer une voiture
4. Il finit souvent tard
5. Elle met tout en œuvre
6. Le politicien ment tout le temps
7. Le malentendant entend difficilement
8. Ce journaliste écrit vite
9. L'enfant s'endort maintenant seulement
10. Elle peut venir.

CORRIGÉS
1. Ils attendent dehors
2. Ils boivent vraiment beaucoup
3. Elles veulent louer une voiture
4. Ils finissent souvent tard
5. Elles mettent tout en œuvre
6. Les politiciens mentent tout le temps
7. Les malentendants entendent difficilement
8. Ces journalistes écrivent vite
9. Les enfants s'endorment maintenant seulement
10. Elles peuvent venir.

Fiche 18

Niveau : A1 – B1

Objectif

Apprendre aux apprenants à prononcer certains groupes consonantiques fréquents.

Remarque : nous présentons pages 18 à 21 un corpus de mots faisant varier les voyelles devant les différents groupes consonantiques avec lequel l'enseignant pourra effectuer divers exercices. En voici quelques exemples.

ACTIVITÉ 1

C + l

▶ **En position initiale**

a. Répétez plusieurs fois, seul ou à deux, les groupes consonantiques suivants, puis essayez de trouver d'autres mots avec les mêmes caractéristiques.
Blanc, bleu, blond, blague
Placard, plante, pli, plomb
Glisse, glaive, gland, glace
Claque, classe, clou, clip
Flair, flaque, flèche, fleur,

▶ **En position intervocalique**

b. Mettez un article devant les mots de l'exercice précédent.
Le blanc, le placard, la glace…

c. À l'aide du corpus suivant, faites des phrases.
aveuglante, sanglante, étrangler, régler, épingler, jongleur, église, réglisse
bouclé, porte-clefs, enclume, déclin, éclair, esclave, déclic, exclure, cyclone, réclame
souffler, ronfler, gifler, siffler, insuffler, désenfler, érafler

▶ **En position finale**

d. Dites le contraire des adjectifs suivants :

mangeable	perméable	abordable	discutable
supportable	surmontable	lisible	prévisible
faillible	possible	admissible	flexible

ACTIVITÉ 2

C + R

▶ **En position initiale**

a. Répétez plusieurs fois, seul ou à deux, les groupes consonantiques suivants, puis essayez de trouver d'autres mots avec les mêmes caractéristiques.

branche, bref, brie, broche, bru, bras, brave, brin

craie, crêpe, crête, crise, crash, cran,

fraude, frêle, fric, froc, froid, franc,

graisse, grappe, grêle, grève, griffe

grand, grand-père, grand-mère, grands-parents, grand-oncle, grand-tante

Préfixe pré- : précurseur, prédire, préjugé, préméditer

Préfixe trans- : transporter, transaction, transatlantique, transférer

▶ **En position intervocalique**

b. Ajouter un déterminant suivant le modèle (attention au genre).

Breton → Un grand Breton

brigand, brassée, brouillard, bruit, branche, bravo, brioche, brûlure, brocante

c. Formez des dérivés du verbe « prendre », puis du mot « preuve » :

apprendre, se méprendre,....

apprise, surprise, entreprise,...

prouver,...

▶ **En position finale**

d. Lisez à haute voix.

Lugubre, insalubre, sobre, libre, septembre, octobre, novembre, décembre

▶ **Passer de la finale à l'intervocalique**

e. Trouvez un verbe de la même famille en ajoutant un suffixe et parfois un préfixe.

Exemple : timbre → timbrer

Équilibre, célèbre, calibre, membre, nombre, sombre

f. Passez du masculin au féminin.

Exemple : moniteur → monitrice

Opérateur, instituteur, examinateur, lecteur, protecteur, acteur, directeur, dessinateur, électeur, moniteur

Niveau : A2 – C2

Objectif

Mémoriser en les manipulant les mots les plus fréquents commençant par un « h » aspiré.

ACTIVITÉ 1 (A2 et +)

▶ **Classez les mots de la liste par genre.**

Pour les noms, ajoutez un article devant (le, la, les, un, une, des).

Ne faites ni l'élision ni la liaison.

Pour les adjectifs, trouvez-leur un substantif et, pour les verbes, conjuguez-les au présent de l'indicatif, à la 3e personne du singulier.

Hache	Haut-parleur
Hacher	Hauteur
Haie	Hautain
En haillons	Hayon
Haïr	Hérisson
Haine	Héros
Hâle	Hibou
Halles	Hideux
Halo	Hiérarchie
Halte	Hochement
Hamac	Hocher (la tête)
Hameau	Hollande
Hamster	Homard
Hanche	Hongrie
Hangar	Honte
Hanté	Hoquet
Hantise	Hors-d'œuvre
Hareng	Hotte
Harceler	Housse
Hargneux	Hublot
Harnais	Huer
Harpe	Huit
Hasard	Hululer
Hâte	Hurler
Hausse	Hutte
Haut	

CORRIGÉS

Noms masculins

Le hâle	La hanche
Le halo	La hantise
Le hamac	La harpe
Le hameau	La hausse
Le hamster	La hauteur
Le hangar	La hiérarchie
Le hareng	La Hollande
Le harnais	La Hongrie
Le hasard	La honte
Le haut, le haut-parleur	La hotte
Le hayon	La housse
Le hérisson	La hutte
Le héros	**Adjectifs**
Le hibou	Il est hargneux.
Le hochement	Elle est hautaine.
Le homard	C'est hideux.
Le hoquet	Le château est hanté.
Le hors-d'œuvre	**Verbes**
Le hublot	Hache la viande s'il te plaît !
Le huit	Je le hais !
Noms féminins	Le public a hué le conférencier.
La hache	Le hibou hulule.
La haie	Arrête de hurler !
La haine	Je suis harcelé par les commerciaux.
Les halles	J'ai hâte de partir.
La halte	Il a hoché la tête.
	Il est en haillons.

ACTIVITÉ 2   (A2 et +)

▸ Écrivez une phrase comprenant le plus possible de mots en « h ».

CORRIGÉ POSSIBLE

Le Hongrois qui avait la hantise des hamsters et des hérissons fit une halte dans la maison hantée d'un Hollandais, qui, dans son hamac, jouait de la harpe, accompagné du hululement de son hibou.

Fiche 20

Niveau : A1 (Activité 1)
A2 – B1 (Activité 2)

Objectif

Maîtriser la prononciation du [ʀ] et du [l].

Rappel : la consonne R est le son le plus fréquent du français. Le R est très postérieur dans la cavité buccale et permet ainsi aux voyelles d'être articulées indépendamment de lui.
C'est une consonne grave et relâchée.

Méthodes

1. La jota espagnole est très proche du R français. On peut donc s'appuyer sur cette articulation sourde pour le faire acquérir.

2. Le gargarisme ! Pour être efficace il doit se faire au lieu même d'articulation.

3. Insister sur les voyelles d'arrière. Il est plus facile de prononcer le [ʀ] après ces voyelles, notamment après la voyelle [ɔ̃], mais aussi après le [ɔ] et le [u].
Exemple :   [ɔ̃ɔ̃ɔ̃ʀʀʀʀ], [ɔ̃ɔ̃ɔ̃ʀʀʀʀɔ̃ɔ̃ɔ̃],
             [ɔɔɔʀʀʀʀ], [ɔɔɔʀʀʀʀɔɔɔ],
             [uuuʀʀʀʀ], [uuuʀʀʀʀuuu].

ACTIVITÉ 1   (A1)

▶ **Prononcez successivement le [ʀ] en positions finale, pré-consonantique, intervocalique, post-consonantique et initiale dans les exercices suivants.**

1. En position finale
Aides : n'anticipez pas le R. Faites un petit silence entre la voyelle et le R.
Exemple : Port [pɔ-ʀ], par [pa-ʀ].

Bord, mort, sort, dort, corps
Pour, cour, four, sourd, tour, amour, séjour
Car, part, bar, dard, mare.
Mettre, verre
Voir, boire
Tir, mire, dire, pire

2. En position pré-consonantique

Aides : il faut travailler la syllabation ouverte et détacher la voyelle du R.

Exemple :   Cordon, merci, charmant,

Co-rdon, me-rci, cha-rmant.

Parc, Marc, arc, parlant, pharmacie
Cirque
Orque, orgue, dormant
Ours, journée, tourné

3. En position intervocalique

courroux, courant
arriver, dérivé
notre, votre
Ne ronfle pas
Ne ronchonne pas
Ne rouspète pas
Ne râle pas
Ne radote pas
Ne renifle pas
Ne ricane pas

4. En position post-consonantique avec les voyelles postérieures

Gros, grand, trop, tronc, trois, front, froid, frôle, droit, drôle
Gronde, fronce, trompe, trempé, franche
Grande, grosse, brosse, trousse, froide.

5. En position post-consonantique avec les voyelles antérieures

Tri, pris, cri, brut, truc, près, frais, vrai, craie, gras, drap
Brin, train, crin, frein
Preuve, trace
Fruit, bruit, truie.

6. En position initiale

Rat, roux, rot, ré, riz, rue
Rond, rang, rein
Rime, rame, Rome, rhume, rhum, route

ACTIVITÉ 2   (A2 – B1)

PISTE 41

▶ Entraînez-vous à lire lentement, puis de plus en plus vite les textes suivants.

1. Comptines

Ra, ra, ra,
La queue du gros rat
Ri, ri, ri,

La queue d'une souris
Ron, ron, ron,
La queue du cochon.

C'est le roi Dagobert
Tête en l'air
Qui met son gilet vert
À l'envers

Il court il court le furet
Le furet du Bois Mesdames
Il court il court le furet
Le furet du Bois Joli
Il est passé par ici
Il repassera par là

2. Poème

Un robot riait,
Riait pour un rien.
De ses yeux d'étain,
Des larmes coulaient,
Roulaient, le mouillaient,
De la tête aux pieds.

Depuis, le robot
Ne rit plus jamais :
Il est tout rouillé.

3. Texte informatif

Les Araras et les Bororos

Les Bororos disent qu'ils sont des Araras, mais il est évident que les Araras ne sont pas, ne seront jamais des Bororos. Les Bororos sont à la fois Araras et Bororos, mais les Araras sont seulement Araras, et ne sauraient en aucun cas être pris pour des Bororos, ce qui choquerait même et d'abord les Bororos. Qu'on se le tienne pour dit. En effet, si les Araras étaient inconditionnellement des Bororos, il n'y aurait plus de différence entre Bororos et Araras, et l'on ne comprendrait pas qu'il y eut deux termes : il suffirait de parler, c'est clair, d'Araras ou de Bororos.

Pierre CHABERT, *Les Sales Bêtes*,
Chambellan, Saint-Germain-des-Prés.

Fiche 21 — La lettre « x » et sa prononciation

Niveau : Niveau A1 – B1

Objectif

Maîtrise des différentes prononciations de la lettre « x ».

Remarque : il faudra tenir compte du niveau des apprenants en choisissant le lexique à travailler.

Activité 1

▶ **Lisez les phrases suivantes et dites pour chaque mot quelle est la prononciation de la lettre « x ».**

a. Ces exercices qui comportent tant d'exceptions m'exaspèrent et me laissent sans voix.

b. Il est très anxieux et tout excité dans l'attente des résultats de son examen d'expertise qu'il a passé le 6.

c. Xavier a été exonéré de toutes taxes sans explication.

d. À deux heures, Axel a remporté le premier prix ; quel extraordinaire exploit !

e. Excédée par les exclamations bruyantes et les extravagances de ses excentriques compagnes de voyage, elle s'est fait excuser et est restée exceptionnellement à l'hôtel pendant l'excursion du lendemain.

f. En boxant avec son frère, il s'est luxé les deux poignets.

g. Maxime a exigé d'une manière excessive qu'on expédie son excédent de bagage de dix livres.

CORRIGÉS				
[gz]	[ks]	[-]	[s]	[z]
Exercices	Exceptions	Voix	Six	Deux heures
Exaspèrent	Anxieux	Anxieux		
Examen	Excité	Prix		
Xavier	Expertise	Deux		
Exonéré	Explication	Dix livres		
exigé	Taxes			
	Axel			
	Extraordinaire			
	Exploit			
	Excédée			
	Exclamations			
	Extravagances			

[gz]	[ks]	[-]	[s]	[z]
	Excentriques Excusée Exception- nellement Excursion Boxant Luxé Maxime Excessive Expédie Excédent			

▶ Jeu articulatoire. Entraînez-vous à dire les phrases de l'exercice précédent de plus en plus vite.

Fiche 22   Phonétique et histoire

Niveau : B1 – B2

Objectif

Comprendre le rapport historique existant entre certains sons et certaines graphies (voir page 37). Savoir relier lexicalement des unités.

ACTIVITÉ 1

▶ Le rapport entre les lettres « l » et « u » ([u] historiquement).

• al ⟷ au

Exemples : Vous voulez un journal ? Non, je veux deux journaux.
Il fait chaud. Oh oui, quelle chaleur !
Je vais à l'hôpital près de chez moi, l'un des plus grands hôpitaux de France.

a. Faites des phrases avec les mots suivants : *cheval, rival, animal, mal*, en passant du singulier au pluriel.
Exemple : J'avais un cheval, mais maintenant j'ai dix chevaux.

> **CORRIGÉS :** chevaux, rivaux, animaux, maux.

b. En suivant la même règle, compléter les verbes suivants :

Vaut	→	va...oir
Faut	→	fa...oir
Faux	→	fa...sifier

> **CORRIGÉS**
> | Vaut | → | valoir |
> | Faut | → | falloir |
> | Faux | → | falsifier |

• eau ⟷ el

c. À partir des exemples ci-dessous, complétez les mots suivants :
Exemples :   Beau → belle
       Château → châtelain

Chapeau	chape...ier
Couteau	coute...ier
Marteau	marte...er
Peau	pe... er
Veau	vé... er

CORRIGÉS

Chapeau	chapelier
Couteau	coutelier
Marteau	marteler
Peau	peler
Veau	véler

d. À votre avis, comment s'appellent les habitants de Pau (ville française du Sud-Ouest)?

RÉPONSE : LES PALOIS.

ACTIVITÉ 2

▶ La relation c [k]/ch [ʃ] en français
Associez les mots de même origine.
Exemple : chèvre → caprin

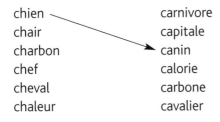

chien	carnivore
chair	capitale
charbon	canin
chef	calorie
cheval	carbone
chaleur	cavalier

CORRIGÉS

chien	→	canin
chair	→	carnivore
charbon	→	carbone
chef	→	capitale
cheval	→	cavalier
chaleur	→	calorie

ACTIVITÉ 3

▶ La relation [a]/[e]
Associez les mots de même origine.

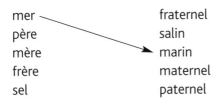

mer	fraternel
père	salin
mère	marin
frère	maternel
sel	paternel

CORRIGÉS

mer	→	marin
père	→	paternel
mère	→	maternel
frère	→	fraternel
sel	→	salin

ACTIVITÉ 4

▸ **La relation** [œ] [o] **ou** [ɔ]
Associez les mots de même origine.

cœur	floral
meurt	solitude
fleur	cordial
chœur	mort
heure	horaire
seul	chorale

CORRIGÉS

cœur	→	cordial
meurt	→	mort
fleur	→	floral
chœur	→	chorale
heure	→	horaire
seul	→	solitude

Niveau : B1 – C2

Objectif

Sensibiliser les apprenants aux variations de prononciation du registre assez familier.

ACTIVITÉ 1

PISTE 42

▶ **Écoutez le texte de la chanson de Bénabar « Vélo » et notez les transformations de registre familier apportées au texte par le chanteur.**

Dans le parc des Buttes Chaumont un cycliste de 5 ans
s'apprête à vivre un grand événement.
Encouragé par son père et par sa maman,
il va faire du vélo comme les grands.

Il empoigne son guidon.
C'est parti pour le grand frisson.
Sans les petites roues qui stabilisent
Il va falloir qu'il improvise.
Notre équilibriste
s'élance sur la piste.
Il tombe, retombe.

Les paumes incrustées de gravier,
ça fait mal et puis ça pique.
C'est surtout vexant
de tomber en public.
Il ne va pas remettre les petites roues,
ça serait pire que tout.
Attention ! Il enfourche son bolide,
et c'est reparti pour la chevauchée intrépide.
Au premier coup de pédale
il bascule et puis s'affale.

Il ne fait rien que de l'énerver
ce vélo qui fait que de tomber.
C'est quand même très énervant
ces vélos qui tombent tout le temps.

Un coup de pied dans le porte-bagages !
Ça ne change rien mais ça soulage !
Sermon des parents « c'est vilain de faire des colères
et il faut être patient et avoir un bon caractère ».

Mais s'énerver c'est légitime.
Il faut se faire respecter des machines.
Avec mon scooter je connais les mêmes déboires.
Quand il ne démarre pas je lui donne
des coups de casque dans les phares.
Alors ce gosse, il faut pas le gronder.
C'est le vélo qui a commencé.

Il s'élance dans la descente,
maintient le cap avec adresse.
Il dévale la pente,
tangue et se redresse,
et prend de la vitesse.
Les jambes à l'horizontale,
le guidon tremble, il vibre,
il sautille sur la selle mais garde l'équilibre.

Il veut faire coucou de la main
et se vautre un peu plus loin.
Il arrache le garde-boue
et les poignées en caoutchouc,
la dynamo d'un coup de talon,
puis piétine les rayons.
Et il crève les pneus.
Il commence à se sentir mieux.

Il ne fait rien que de l'énerver
ce vélo qui fait que de tomber.
C'est quand même très énervant
ces vélos qui tombent tout le temps.

Un coup de pied dans le porte-bagages !
La sonnette ? Eh bien, elle dégage !
Mais il ne faut pas faire de colère !
Alors écoute-moi bien :
Plutôt que d'essayer d'arracher les câbles des freins,
fais levier avec un bâton pour pas te baiser les mains.

Paroles de BENABAR, Universal Music Publishing.

CORRIGÉS

Transformations phonétiques à remarquer :
– chute de la première partie de la négation « ne »
– chute du « il » dans « il faut »
– chute du « u » dans « puis » et du « i » dans « qui »
– chute du « e » (p'tites, r'mettre, qu')
– changement de construction verbale : qu'à l'énerver (au lieu de « que de l'énerver »)
– chute du « l » de « il »
– chute du « l » dans « je lui » [jɥi]
– transformation de « eh bien » : ben

Remarques supplémentaires :
– assourdissement du « de » devant une consonne sourde : de pédale, de tomber, de pied, de casque, de talon.
– chute du « r » en finale devant une consonne : êt'patient.

Trancription de ce qu'on entend
Dans le parc des Buttes Chaumont un cycliste de 5 ans
s'apprête à vivre un grand événement.
Encouragé par son père et par sa maman,
il va faire du vélo comme les grands.
Il empoigne son guidon.
C'est parti pour l'grand frisson.
Sans les petites roues qui stabilisent
va falloir qu'il improvise.
Notre équilibriste
s'élance sur la piste.
Il tombe,... retombe.
Les paumes incrustées d'gravier,
ça fait mal et pis ça pique.
C'est surtout vexant
de tomber en public.
y va pas r'mettre les ptites roues,
ça s'rait pire que tout.
Attention ! Il enfourche son bolide,
et c'est reparti pour la chevauchée intrépide.
Au premier coup d'pédale
y bascule et puis s'affale.
y fait rien qu'à l'énerver
ce vélo qui fait que d'tomber.
C'est quand même très énervant
ces vélos qui tombent tout l'temps.
Un coup d'pied dans l'porte-bagages !
Ça change rien mais ça soulage !
Sermon des parents « c'est vilain d'faire des colères
et faut être patient et avoir un bon caractère ».
Mais s'énerver c'est légitime.
faut s'faire respecter des machines.
Avec mon scooter je connais les mêmes déboires.

145

Quand y démarre pas j'ui donne
des coups d'casque dans les phares.
Alors ce gosse, faut pas l'gronder.
C'est le vélo qu'a commencé.
Il s'élance dans la descente,
maintient le cap avec adresse.
Il dévale la pente,
tangue et se redresse,
et prend d'la vitesse.
Les jambes à l'horizontale,
le guidon tremble, il vibre,
il sautille sur la selle mais garde l'équilibre.
y veut faire coucou d'la main
et se vautre un peu plus loin.
Il arrache le garde-boue
et les poignées en caoutchouc,
la dynamo d'un coup d'talon,
puis piétine les rayons.
Et y crève les pneus.
y commence à se sentir mieux.
y fait rien qu'à l'énerver
ce vélo qui fait que d'tomber.
C'est quand même très énervant
ces vélos qui tombent tout l'temps.
Un coup d'pied dans l'porte-bagages !
La sonnette ? Ben, elle dégage !
Mais faut pas faire de colère !
Alors écoute-moi bien :
Plutôt que d'essayer d'arracher les câbles des freins,
fais levier avec un bâton pour pas t'baiser les mains.

ACTIVITÉ 2

▸ Après avoir lu le texte « Façons de parler » de Bernard Friot, distinguer les deux registres de langue, soutenu et familier, et complétez le tableau.

Papa, il est prof de français… Oh, pardon : mon père enseigne la langue et la littérature françaises. C'est pas marrant tous les jours ! Je veux dire : parfois, la profession de mon père est pour moi cause de certains désagréments. L'autre jour, par exemple. En sciant du bois, je me suis coupé le pouce. Profond ! J'ai couru trouver papa qui lisait dans le salon.

– Papa, papa ! Va vite chercher un pansement, je pisse le sang ! ai-je hurlé en tendant mon doigt blessé.
– Je te prie de bien vouloir t'exprimer correctement, a répondu mon père sans même lever le nez de son livre.
– Très cher père, ai-je corrigé, je me suis entaillé le pouce et le sang coule abondamment de la plaie.

– Voilà un exposé des faits clair et précis, a déclaré papa.

– Mais grouille-toi, ça fait vachement mal ! ai-je lâché, n'y tenant plus.

– Luc, je ne comprends pas ce langage, a répliqué papa, insensible.

– La douleur est intolérable, ai-je traduit, je te serais donc extrêmement reconnaissant de bien vouloir m'accorder sans délai les soins nécessaires.

– Ah, voilà qui est mieux, a commenté papa, satisfait. Examinons d'un peu plus près cette égratignure.

Il a baissé son livre et m'a aperçu, grimaçant de douleur et serrant mon pouce sanguinolent.

– Mais t'es cinglé, ou quoi ? a-t-il hurlé, furieux. Veux-tu f… le camp, tu pisses le sang ! Tu as dégueulassé la moquette ! File à la salle de bains et dém…-toi ! Je ne veux pas voir cette boucherie !

J'ai failli répondre : « Très cher papa, votre façon de parler m'est complètement étrangère. Je vous saurais donc gré de bien vouloir vous exprimer en français. » Mais j'ai préféré ne rien dire.

De toute façon, j'avais parfaitement compris. Je suis doué pour les langues, moi.

« Façons de parler », Bernard FRIOT,
Nouvelles Histoires pressées, Milan, « Zanzibar ».

Français soutenu	Français familier
	Il est prof de français
La profession de mon père est pour moi cause de certains désagréments	
	Je me suis coupé le pouce. Je pisse le sang.
Je te serais donc extrêmement reconnaissant de bien vouloir m'accorder sans délai les soins nécessaires. La douleur est intolérable	
	t'es cinglé, ou quoi ? Veux-tu f… le camp, tu pisses le sang ! Tu as dégueulassé la moquette ! File à la salle de bains et dém…-toi ! Je ne veux pas voir cette boucherie !

CORRIGÉS

Français soutenu	Français familier
Il enseigne la langue et la littérature françaises	Il est prof de français
La profession de mon père est pour moi cause de certains désagréments	C'est pas marrant tous les jours
Je me suis entaillé le pouce. Le sang coule abondamment de la plaie.	Je me suis coupé le pouce. Je pisse le sang.
Je te serais donc extrêmement reconnaissant de bien vouloir m'accorder sans délai les soins nécessaires. La douleur est intolérable	Grouille-toi ! ça fait vachement mal
Tu es complètement fou ! Veux-tu partir d'ici, le sang coule abondamment de la plaie. Tu as sali la moquette ! Rends-toi vite à la salle de bains et fais ce que tu as à faire ! Ôte de ma vue cette horreur !	t'es cinglé, ou quoi ? Veux-tu f... le camp, tu pisses le sang ! Tu as dégueulassé la moquette ! File à la salle de bains et dém...-toi ! Je ne veux pas voir cette boucherie !

Commentaires

Les caractéristiques du français familier :

– vocabulaire : marrant, pisser, se grouiller, vachement, être cinglé, foutre le camp, dégueulasser, filer, se démerder.

– troncation : prof (professeur)

– « ça » pour « cela »

– chute du [y] : t'es

– chute de la première partie de la négation « ne » : c'est pas

– structure « ou quoi ? » + intonation expressive, emplois elliptiques servant à demander un complément d'informations : t'es cinglé ou quoi ?

ACTIVITÉ 3

PISTE 43

▶ **Lisez le texte de Daniel Pennac et essayez de le prononcer à haute voix.**
Écoutez l'enregistrement de ce texte et comparez avec votre version.
Transformez ce texte en registre standard et lisez-le à haute voix à votre voisin en sous-groupe ou à la classe.

« Et alors ? D'où c'est que tu viens ? C'est à cette heure-là qu'tu rentres ?
Où c'que t'as été traîner ? T'as pas honte ? Hein ? Tu t'rends compte ? Dis ?
Qu'on a prévenu la police, les pompiers, les hôpitaux ! Tu sais combien ça
va nous coûter ça ? Et les voisins ? Qu'est-ce qu'ils vont dire, les voisins ?
Tiens, regarde-les, ils commencent à rigoler ! C'est à cause de ce chien,
hein ? Je suis sûr que c'est à cause de ce maudit cabot ! »

Daniel PENNAC, Cabot-Caboche, Nathan, 1982.

CORRIGÉ POSSIBLE

« D'où viens-tu ? À quelle heure oses-tu rentrer ? Où es-tu allé ? Tu n'as pas honte ?
Tu te rends compte que l'on a déjà prévenu la police, les pompiers, les hôpitaux ! Sais-
tu combien cela va nous coûter ? Et que vont dire les voisins ? Regarde, ils commencent à se moquer de nous ! Est-ce à cause de ce chien ? Je suis sûr que c'est à cause
de lui ! »

ACTIVITÉ 4

▸ **Retrouvez les mots qui ont été coupés (tronqués) et réécrivez les phrases
suivantes en français standard.**

Pourquoi les ados sont-ils accros de la radio ?
À la télé, on a regardé les infos et la météo.
La démo dans le labo photo était folklo.
Cet aprem je passe l'exam d'histoire-géo du bac.
Cet homme est démago, facho, macho, barjo, mais pas du tout intello.
J'étais affamé pendant le cours de gym car je n'avais pas pris mon petit déj ce
matin.
Pour aller à la fac, Manu prend le métro et le tram.

CORRIGÉ

Pourquoi les adolescents sont-ils accrochés à la radio ?
À la télévision, on a regardé les informations et la météorologie.
La démonstration dans le laboratoire photographique était folklorique.
Cet après-midi je passe l'examen d'histoire-géographie du baccalauréat.
Cet homme est démagogue, faciste*, machiste, fou, mais pas du tout intellectuel.
J'étais affamé pendant le cours de gymnastique car je n'avais pas pris mon petit déjeu-
ner ce matin.
Pour aller à la faculté, Emmanuel prend le métropolitain et le tramway.

ACTIVITÉ 5

▸ **Écrivez un poème en utilisant le plus possible de mots tronqués se termi-
nant par la lettre « o ».**
Exemple de production d'étudiants :
Il vient de rentrer de la colo

* Le français a gardé l'orthographe et la prononciation historiques (italienne).

où il a pris beaucoup de photos.
Ses amis l'attendent avec une Kro
mais cela ne veut pas dire qu'il est alcoolo.

Avec ses parents, c'est le mélo
quand il veut sortir prendre l'apéro.
Il aime la musique afro
et de la télé, il est accro.
Il est un peu barjo
mais toujours très rigolo.

Fiche 24 Lectures à différents tons

Niveau : B1 et +

Objectif

Acquérir les différents paramètres de la lecture à haute voix.

ACTIVITÉ 1   Les groupes de souffle.

PISTE 44

▶ Écoutez l'enregistrement une première fois. Puis, pendant la seconde écoute, notez les pauses faites par le comédien par des barres verticales. Notez aussi l'intonation par des courbes montantes ou descendantes. À votre tour lisez cet extrait en essayant de suivre le rythme de l'enregistrement.

Attention : les phrases de ce texte sont parfois longues et des pauses sont nécessaires en plus de celles marquées déjà par des virgules.

En outre l'intonation devant « : » reste en attente, la phrase n'étant pas terminée.

> L'appartement de notre mère, près de la porte de Saint-Cloud, est devenu un capharnaüm sans vie qui dégage une tristesse poignante. Mon frère et moi nous employons à le vider de ses meubles, de ses livres, de tout ce que maman avait acquis au fil des années et de ce qui lui vient de ses parents : un précieux bric-à-brac qui a l'étrange pouvoir de raconter plusieurs générations, plusieurs vies. Nous sommes accablés par l'ampleur de la tâche et l'afflux de souvenirs que provoque le déplacement du bibelot le plus anodin ; par la tenace odeur des cigarettes que fumait notre mère, des Chesterfield longues dont elle croyait combattre la nocivité en utilisant des filtres jetables, qu'elle se gardait bien de jeter et qui s'éparpillent encore partout dans l'appartement. Cette odeur de toujours nous donne l'impression qu'elle est là, étendue sur le divan ou assise dans le fauteuil vert, contente de nous voir, bien sûr, mais aussi un peu pressée de se retrouver seule : maman raffolait des séries américaines de la télévision et rien ni personne n'aurait pu lui faire sauter un seul épisode de Santa Barbara. Pour avoir la paix, elle débranchait le téléphone.
>
> Notre mère est morte brutalement, le 18 novembre 1992, d'un arrêt du cœur, dans la salle de bains. Personne n'aurait pu le prévoir. Elle venait de regagner son appartement et était ce matin-là d'excellente humeur. À l'inverse de notre père, mort vingt-huit ans auparavant, elle ne s'est rendue compte de rien. Pas même une fraction de seconde.
>
> Anne WIAZEMSKY, Hymnes à l'amour, Gallimard, 1996.

ACTIVITÉ 2   La lecture neutre

PISTE 45

▶ **Mettez le moins d'intonation possible en lisant ce texte. Remarquez que la plupart des phrases sont courtes.**

L'homme élégant est descendu de la limousine, il fume une cigarette anglaise. Il regarde la jeune fille au feutre d'homme et aux chaussures d'or. Il vient vers elle lentement. C'est visible, il est intimidé. Il ne sourit pas tout d'abord. Tout d'abord il lui offre une cigarette. Sa main tremble. Il y a cette différence de race, il n'est pas blanc, il doit la surmonter, c'est pourquoi il tremble. Elle lui dit qu'elle ne fume pas, non merci. Elle ne dit rien d'autre, elle ne lui dit pas laissez-moi tranquille. Alors il a moins peur. Alors il lui dit qu'il croit rêver. Elle ne répond pas. Ce n'est pas la peine qu'elle réponde, que répondrait-elle. Elle attend. Alors il le lui demande : mais d'où venez-vous ? Elle dit qu'elle est la fille de l'institutrice de l'école de filles de Sadec. Il réfléchit et puis il dit qu'il a entendu parler de cette dame, sa mère, de son manque de chance avec cette concession qu'elle aurait achetée au Cambodge, c'est bien ça n'est-ce pas ? Oui c'est ça.

Il répète que c'est tout à fait extraordinaire de la voir sur ce bac. Si tôt le matin, une jeune fille belle comme elle l'est, vous ne vous rendez pas compte, c'est très inattendu, une jeune fille blanche dans un car indigène. Il lui dit que le chapeau lui va bien, très bien même, que c'est… original… un chapeau d'homme, pourquoi pas ? Elle est si jolie, elle peut tout se permettre.

Elle le regarde. Elle lui demande qui il est. Il dit qu'il revient de Paris où il a fait ses études, qu'il habite Sadec lui aussi, justement sur le fleuve, la grande maison avec les grandes terrasses aux balustrades de céramique bleue. Elle lui demande ce qu'il est. Il dit qu'il est chinois, que sa famille vient de la Chine du Nord, de Fou-Chouen. Voulez-vous me permettre de vous ramener chez vous à Saïgon ? Elle est d'accord. Il dit au chauffeur de prendre les bagages de la jeune fille dans le car et de les mettre dans l'auto noire.

Marguerite DURAS, L'Amant, Les Éditions de Minuit, 1984.

ACTIVITÉ 3   L'hésitation

▶ **Lisez ce texte en hésitant, en cherchant vos mots.**
Les procédés de l'hésitation en français sont d'allonger la voyelle de la dernière syllabe (exemple : « je ne sais pas siiiii… ») puis, si on ne trouve pas, de faire « euh… » en allongeant aussi cette voyelle.

« Une chambre, c'est une pièce dans laquelle il y a un lit ; une salle à manger, c'est une pièce dans laquelle il y a une table et des chaises, et souvent un buffet ; un salon, c'est une pièce dans laquelle il y a des fauteuils et un divan ; une cuisine, c'est une pièce dans laquelle il y a une cuisinière et une arrivée d'eau ; une salle de bains, c'est une pièce où il y a une arrivée d'eau au-dessus d'une baignoire ; quand il y a seulement une douche, on l'appelle une salle d'eau ; quand il y a seulement un lavabo, on l'appelle cabinet de toilette ; une entrée, c'est une pièce dont au moins une des portes conduit à l'extérieur de l'appartement ; accessoirement, on peut y trouver un portemanteau ; une chambre d'enfant, c'est une pièce dans laquelle on met un enfant ; un placard à balais, c'est une pièce dans laquelle on met les balais et l'aspirateur ; une chambre de bonne, c'est une pièce que l'on loue à un étudiant. »

Georges PEREC, Espèces d'espaces, Galilée, 1974-2000.

ACTIVITÉ 4   L'intonation expressive

PISTE 46

▶ **Lisez ce texte en respectant les intonations relatives aux questions et exclamations.**

Quoi ? Que voulez-vous ? Je dormais… Oui, vous voyez, je suis malade… Si, si, vraiment malade !

Non, je ne veux rien, sinon que vous n'entriez pas tous à la fois dans ma chambre… et ne touchez pas aux rideaux ! Oh ! la grossièreté des gens bien-portants ! Avez-vous fini de les ouvrir et d'agiter de grands drapeaux de clarté qui refroidissent toute la pièce ?

Donnez-moi seulement un verre d'eau glacée : je veux un verre tout uni, un gobelet sans défaut et sans parure, mince, plaisant aux lèvres et à la langue, plein d'une eau dansante et qui semble, à cause du plateau d'argent, un peu bleue, j'ai soif… Non ? Vous refusez ?

COLETTE, Le Voyage égoïste, Fayard, Paris.

ACTIVITÉ 5   La lecture à plusieurs voix.

▶ **Lisez ce texte à trois voix : le narrateur, une voix féminine et une voix masculine. Comparez votre prestation avec l'enregistrement.**

La fleur des Alpes disait au coquillage : « Tu luis. »
Le coquillage disait à la mer : « Tu résonnes. »
La mer disait au bateau : « Tu trembles. »
Le bateau disait au feu : « Tu brilles. »
Le feu me disait : « Je brille moins que ses yeux. »
Le bateau me disait : « Je tremble moins que ton cœur quand elle paraît. »
La mer me disait : « Je résonne moins que son nom en ton amour. »
Le coquillage me disait : « Je luis moins que le phosphore du désir dans ton rêve creux. »
La fleur des Alpes me disait : « Elle est belle. »
Je disais : « Elle est belle, elle est belle, elle est émouvante. »

Robert DESNOS, « Les ténèbres », Corps et biens, Gallimard, 1930

Fiche 25

Les chiffres

Niveau : A1 – B1

Objectif

Savoir prononcer les chiffres, qui ont des règles spécifiques.

ACTIVITÉ 1   Lire ou faire lire en groupe classe.

▸ **Écoutez et notez si la consonne finale est prononcée ou non et, si oui, comment elle est réalisée.**

Exemple : huit ans [t]

	Le chiffre est...		
	suivi d'une consonne	**suivi d'une voyelle**	**La date**
1	Un livre Une clé	Un an Une année	Le premier janvier
2	Deux livres Deux clés	Deux ans Deux années	Le deux
3	Trois livres	Trois ans	Le trois
4	Quatre livres	Quatre ans	Le quatre
5	Cinq livres	Cinq ans	Le cinq
6	Six livres	Six ans	Le six
7	Sept livres	Sept ans	Le sept
8	Huit livres	Huit ans	Le huit
9	Neuf livres	Neuf ans	Le neuf
10	Dix livres	Dix ans	Le dix

CORRIGÉS

	Le chiffre est...		
	suivi d'une consonne	suivi d'une voyelle	La date
1 le seul chiffre qui marque le genre	Un livre Une clé	Un an (liaison) Une année (enchaînement)	Le premier janvier
2	Deu(x) livres Deu(x) clés	Deux ans (liaison) Deux années (liaison)	Le deu(x)
3	Troi(s) livres	Trois ans (liaison)	Le troi(s)
4	Quatr(e) livres*	Quatr(e) ans (enchaînement)	Le quatr(e)
5	Cinq livres	Cinq ans (enchaînement)	Le cinq
6	Si(x) livres	Six ans (liaison)	Le six
7	Se(p)t livres	Se(p)t ans (enchaînement)	Le se(p)t
8	Hui(t) livres	Huit ans (enchaînement)	Le huit
9	Neuf livres	Neuf ans (f → v seulement avec *ans* et *heures* ≠ neuf enfants)	Le neuf
10	Di(x) livres	Dix ans (liaison)	Le dix

* Souvent, le R en finale après consonne est supprimé en français courant [katlivʀ].

Fiche 26   D'une langue à l'autre

Niveau : A1

ACTIVITÉ 1   L'anglais et le français

▸ **Suffixe -er**

La prononciation s'est fixée après avoir hésité entre [ɛʀ] et [œʀ].

• Dans quatre mots anglais : *reporter, bulldozer, container* et *corner*, la suite ER est prononcée [ɛʀ]. Ils suivent en cela la règle normale de la suite « e + consonne » pour les substantifs, de type *fer* : [fɛʀ]

• Mais maintenant, la plupart des mots empruntés à l'anglais et ayant ce suffixe se prononcent [œʀ] Ce qui apporte une nouvelle graphie à la prononciation de la voyelle [œ].

Exemples : Une baby-sitter [ynbabisitœʀ]

           Un best-seller [ɛ̃bɛstselœʀ]

À vous d'en trouver d'autres.

CORRIGÉS : LISTE NON EXHAUSTIVE	
Un charter	Un manager
Un freezer	Un mixer
Un designer	Un tagger
Un dealer	Un thriller (souvent prononcé [tʀi])
Un cutter	Un toaster

▸ **Suffixe -ing**

Il est prononcé [iɲ]. Ce qui entraîne l'apparition d'une quatrième consonne nasale.

Exemples : Un brushing [ɛ̃bʀœʃiɲ]

           Un camping-car [ɛ̃kɑ̃piɲkaʀ]

À vous d'en trouver d'autres.

CORRIGÉS : LISTE NON EXHAUSTIVE	
Le cocooning	Un planning
Le doping	Un pressing
Faire le forcing	Un smoking
Faire du shopping	Le sponsoring
Un lifting	Le standing
Le mailing	Le surbooking
Le marketing	Le zapping
Le parking	

▶ **La graphie « oo » prononcée [u]. C'est une nouvelle graphie qui n'existait pas en français**

Exemples : Des boots [buts]   Booster [bustœʀ]

À vous d'en trouver d'autres.

CORRIGÉS : LISTE NON EXHAUSTIVE			
Le cocooning	Un fast-food	Un press-book	Le surbooking
Des cookies	Le football	Un scoop	Shooter

▶ **Complétez le tableau suivant avec des mots de votre choix qui permettent de mettre en évidence la variation de prononciation des mots de même graphie communs aux deux langues**

[sjɔ̃] -tion C + -sion V + -ssion	[y]	Voyelles nasales [ɛ̃] [ɑ̃] [ɔ̃]	[a]
association version impression	budget	conflit	message

CORRIGÉS : LISTE NON EXHAUSTIVE

[sjɔ̃] -tion C + -sion V + -ssion	[y]	Voyelles nasales [ɛ̃] [ɑ̃] [ɔ̃]	[a]
association	budget	conflit	message
collection	influence	tolérance	anecdote
émotion	injustice	conséquence	initiative
exploitation	multitude	confort	appartement
innovation	sculpture	intention	article
intention	solitude	impression	parent
modification	statue	injustice	hôpital
rénovation	menu	influence	chocolat
tradition	minute	mention	classe
administration	avenue		commercial
conversation	campus		international
information			
question			

[sjɔ̃] -tion C + -sion V + -ssion	[y]	Voyelles nasales [ɛ̃] [ɑ̃] [ɔ̃]	[a]
fiction version compréhension excursion dimension expulsion impression passion discussion profession expression			

ACTIVITÉ 2   L'espagnol et le français

▶ À l'aide d'un dictionnaire, trouvez des mots aux graphies similaires entre les deux langues, mais à la prononciation différente.
Exemples : autobus, civil

CORRIGÉ POSSIBLE

Responsable	Libre numéro
Uniforme	Pantalon
Animal	Principal
Bar	Radio
Bébé	Réunion
Bien	Sentir
Café	Simple
Capitale	Sublime
Dormir	Triste
Grande	Venir
Imperméable	Volcan
Jardin	Zéro

▶ Recherchez des mots en français comportant un accent circonflexe (^) sur les voyelles *a, e, i, o, u* et trouvez leur traduction en espagnol. Que constatez-vous ?
Exemples : hôpital → *hospital*   bête → *bestia*

CORRIGÉ : LISTE NON EXHAUSTIVE

â	ê	î	ô	û
Château (castillo) Pâtisserie (pastelería) Châtiment (castigo)	Être (estar) Prêter (prestar) Fête (fiesta) Têtu (testarudo)	île (isla) Maîtrise (maestria)	Dépôt (depósito) Côte (costilla, cuesta) Nôtre (nuestra)	Coût (costo)

Fiche 27 Les onomatopées

Niveau : A1 - A2

Objectif

Faire découvrir les voyelles du français à travers les onomatopées et cris d'animaux.

ACTIVITÉ

PISTE 47

▶ **Prononcez ces onomatopées et ces cris d'animaux. Vérifiez votre prononciation des voyelles et l'intonation en écoutant l'enregistrement.**

1. Voyelles orales

[i]	[y]	[u]
Chic !	Tu-tut !	Plouf !
Sniff !	Hue !	Hou, hou !
Bip bip	Flûte	Miaou
Hi hi hi	Zut !	Coucou !
	Chut	Glou-glou
		Ouf !

[e]	[ø]	[o]
Eh !	Euh !	Oh !
Eh, eh	Meuh	Allô ?

[ɛ]	[œ]	[ɔ]	[a]
Hep !	Beurk !	Bof !	Ah
Bêêê		toc toc !	Paf !
		Cot cot cot	Pif paf
		Hop	Gla-gla
		Flop	Taratata
			Crac
			Croa
			Ouah

2. Voyelles nasales

[ɛ̃]	[ã]	[ɔ̃]
Coin coin	Pan	Ding dong
Hein	Vlan	Ronron

Fiche 28

Les homophones et les homographes

Niveau : B2 et +

Objectif

Connaître les homophones et les homographes en français.

1. Les homophones non homographes

ACTIVITÉ 1

▶ **Lisez le texte de Raymond Queneau et devinez les homophones sous-entendus par les pronoms.**

> Peu d'hommes sont des saints, toutes les femmes en ont.
> Le lait dans le pot s'en couvre d'une.
> À la tour de Pise, nous allâmes en faire un.
> Au fond du vase, on en apercevait.
> En somme il en fit un non loin de sa préfecture.
> Un sot qui en porte un se dirige vers son parc.
> Vêtue de crêpe, elle en fit sauter plusieurs.
> Sur les joues du mousse, le blaireau en déposait.
> Devant le phare, timide, il en pique un.
> Retirant son voile, elle les mit.
> Pour boire son vin, le chah de Perse y mettait son tonneau.
> Sous le pin, l'enfant le mangeait beurré.
> Dans la bière, il en versait.
> Jésus dit à Pierre : tu en es une.
> Le cygne en fit un.
>
> Raymond QUENEAU « Texticules », *Contes et Propos*, Gallimard, 1981.

CORRIGÉS

Des seins, une peau, un tour, de la vase, un somme, un seau, des crêpes, de la mousse, un fard, les voiles, en perce, le pain, de la bière, une pierre, un signe.

Activité 2

▶ Lisez ce texte et devinez le sens de ces homophones.

Les mûres sont mûres le long des murs
Et des bouches bouchent nos yeux
Les porcs débarquent des ports
D'Amérique
Et de nos pores
S'enfuient les désirs.

Robert DESNOS, Corps et Biens, Gallimard, 1923.

Activité 3

▶ Lisez en faisant attention à la prononciation des mots, repérez les homophones, et recherchez leur sens.

Il y a le vert du cerfeuil
Et il y a le ver de terre.
Il y a l'endroit et l'envers,
L'amoureux qui écrit en vers,
Le verre d'eau plein de lumière,
La fine pantoufle de vair
Et il y a moi, tête en l'air,
Qui dis toujours tout de travers.

Maurice CARÊME, « Homonymes »,
Le Mât de cocagne, 1974, © Fondation Maurice Carême.

2. Les homographes non homophones

PISTE 48

• La graphie « ent »

▶ Lisez ces phrases à haute voix. Vérifiez votre prononciation en écoutant l'enregistrement.

Ces diplomates influents influent sur les décisions du gouvernement.
Les hirondelles du couvent couvent.
Les individus violents violent les lois.
Ces résultats équivalents équivalent à des interprétations différentes.
Tous les résidents qui résident dans cette résidence doivent respecter le règlement.

• La graphie « tion »
Nous notions les notions essentielles du cours.
Nous portions les portions pour chaque concurrent.

Fiche 29

Les virelangues

Niveau : A2 et +

Objectif

Jouer avec les sons de la langue française en utilisant des virelangues.

ACTIVITÉ

PISTE 49

▶ **Prononcez de plus en plus vite ces phrases ou ces petits textes.**

• [p]
Pauvre petit pêcheur,
prend patience
pour pouvoir prendre plusieurs petits poissons.

• [t]
Totaux
Ton temps têtu te tatoue
T'as-ti tout tu de tes doutes ?
T'as-ti tout dû de tes dettes ?
T'as-ti tout dit de tes dates ?

Géo NORGE, *Œuvres poétiques*, Séghers, 1978

Tonton, ton thé t'a-t-il ôté ta toux ?
Oui, mon thé m'a tout ôté ma toux !

Si ton tonton tond mon tonton
Ton tonton tondu sera.

Tu t'entêtes à tout tenter,
tu t'uses et tu te tues à tant t'entêter.

Trois tortues trottaient sur un trottoir très étroit.

• [d]
Didon dîna, dit-on, du dos d'un dodu dindon.

• [s]
Si six scies scient six cigares
Six cent six scies scient six cent six cigares.

Ces six saucissons sont si secs qu'on ne sait si s'en sont.

• [s] [ʃ]
Un chasseur sachant chasser
Doit savoir chasser sans son chien.

Les chaussettes de l'archiduchesse
Sont-elles sèches, archi-sèches?
Si elles ne sont pas sèches
C'est qu'elles sont encore mouillées
Alors il faut recommencer.

• [s] [ɥ]
Je suis ce que je suis
et si je suis ce que je suis,
qu'est-ce que je suis?

• [v] [ɛ]
Ce ver vert sévère sait verser ses verres verts.

• [g] [t] [ʀ]
Trois gros rats gris
dans trois gros trous ronds
rongent trois gros croûtons ronds.

▶ **En voici quelques autres.**

• [u], [i], [ɔ]
Madame Coutufon dit à madame Foncontu:
– Combien y a-t-il de Foncontu à Contufon?
Madame Foncontu lui répondit:
– Il y a autant de Foncontu à Contufon que de Coutufon à Foncoutu.

• La lettre « x »
Le fisc fixe exprès chaque taxe fixe excessive exclusivement au luxe et à l'exquis.

• [ʀ]
La roue roulait,
le goret regardait.
La roue en roulant
faisait rire le goret.

Mur usé
Trou s'y fait
Rat s'y met.

Fiche n° 30   Les mots tordus

Niveau : B1 et +

Objectif

Savoir reconnaître des mots transformés intentionnellement par un auteur.

ACTIVITÉ

PISTE 50

▶ **Retrouvez les mots qui ont été « tordus » dans le texte suivant.**

À n'en pas douter, le prince de Motordu menait la belle vie. Il habitait un chapeau magnifique au-dessus duquel, le dimanche, flottaient des crapauds bleu blanc rouge qu'on pouvait voir de loin.

Le prince de Motordu ne s'ennuyait jamais. Lorsque venait l'hiver, il faisait d'extraordinaires batailles de poules de neige. Et le soir il restait bien au chaud à jouer aux tartes avec ses coussins… dans la grande salle à danger du chapeau.

Le prince vivait à la campagne. Un jour, on le voyait mener paître son troupeau de boutons. Le lendemain, on pouvait l'admirer filant comme le vent sur son râteau à voiles.

Et quand le dimanche arrivait, il invitait ses amis à déjeuner. Le menu était copieux :

MENU DU JOUR

Boulet rôti

Purée de petits bois

Pattes fraîches à volonté

Suisses de grenouilles

Au désert

Braises du jardin

Confiture de murs de la maison

Un jour, le père du prince de Motordu, qui habitait le chapeau voisin, dit à son fils :

Mon fils, il est grand temps de te marier ?

– Et pourquoi donc, répondit le prince, je suis très bien tout seul dans mon chapeau.

Sa mère essaya de le convaincre :

Si tu venais à tomber salade, lui dit-elle, qui donc te repasserait ton singe ? Sans compter qu'une épouse pourrait te raconter de belles lisses poires avant de t'endormir.

Le prince se montra sensible à ces arguments et prit la résolution de se marier bientôt. Il ferma donc son chapeau à clé, rentra son troupeau de boutons dans les tables, puis monta dans sa toiture de course pour se mettre en quête d'une fiancée.

PEF, *La Belle Lisse Poire du prince de Motordu,* Folio Benjamin, 1980.

CORRIGÉS
Lisse poire : histoire (2)
Chapeau : château (4)
Crapauds : drapeaux
Poules : boules
Tartes : cartes
Coussins : cousins
Danger : manger
Boutons : moutons (2)
Râteau : bateau
Boulet : poulet
Bois : pois
Pattes : pâtes
Suisses : cuisses
Désert : dessert
Braises : fraises
Murs : mûres
Salade : malade
Singe : linge
Les tables : l'étable
Toiture : voiture

Fiche 31   Jeux phonétiques

Niveau : A1 – C2

Objectif

Travailler différents sons phonétiques en s'amusant.

JEU N° 1   **Jeu du téléphone**

Avec l'alphabet

▶ Déroulement du jeu

Les apprenants sont en cercle. L'un d'entre eux reçoit un mot écrit sur une feuille. Il l'épèle doucement à l'oreille de son voisin. À son tour, ce dernier fait de même avec son voisin jusqu'au dernier apprenant. On compare finalement le mot dit par le dernier apprenant avec celui du premier.

Avec des sons

▶ Déroulement du jeu

À partir d'un corpus de mots comportant des sons sur lesquels la classe a travaillé, par exemple les voyelles nasales, un apprenant choisit un mot qu'il dit à l'oreille de son voisin qui le dit lui aussi à son voisin et ainsi de suite jusqu'au dernier étudiant de la classe. On compare à la fin le mot dit par le dernier apprenant avec celui du premier.

Exemple de corpus :

Teint	temps	ton
Daim	dent	don
Saint	sang	son
Main	ment	mon
Vin	vent	vont
Pain	paon	pont
Lin	lent	long
Fin	faon	font
Rein	rang	rond

Variante : un étudiant murmure à l'oreille de son voisin une phrase où il y a plusieurs mots comportant le son donné.

JEU N° 2   Le jeu du pendu

> ▶ Déroulement du jeu

Les apprenants sont divisés en groupes et ils doivent à tour de rôle faire deviner un mot aux autres groupes. Le professeur ou l'un des apprenants écrit au tableau autant de tirets que de lettres du mot choisi.

Exemple :   __ __ __ __ __   (merci)

Les apprenants des autres groupes proposent des lettres.

Si la lettre proposée est dans le mot à deviner, on l'écrit sur le tiret correspondant.

Si la lettre n'est pas dans le mot, on commence à dessiner le gibet du pendu (une partie du gibet par erreur proposée). Le groupe gagnant est celui qui arrive à trouver le plus de mots sans se faire pendre.

JEU N° 3   Jeu des sons

> ▶ Déroulement du jeu

Il faut diviser la classe en deux équipes, qui doivent trouver le plus rapidement possible le plus de mots avec un son déterminé, par exemple [y].

Un étudiant du premier groupe donne un mot, exemple : « tu »

Un étudiant de l'autre groupe doit dire un autre mot comportant [y], exemple : « dur »

C'est le tour de l'autre groupe jusqu'à ce qu'un groupe ne trouve plus de mots. C'est l'équipe qui a trouvé le plus de mots qui gagne.

Le professeur arbitre l'exactitude des mots.

Variante : pendant cinq minutes, chaque groupe écrit le plus de mots avec le son donné. Le professeur arrête la recherche. Chaque groupe lit sa liste. C'est le groupe qui a trouvé le plus de mots avec le son demandé qui gagne. Les mots communs aux deux groupes s'éliminent.

JEU N° 4   Jeu avec les sons [œ] [ɛ], [ø] [e]

Surtout pour les étudiants ayant des difficultés avec la voyelle [œ], par exemple les hispanophones.

Opposition singulier/pluriel : le/les
ou présent/passé composé : je finis/j'ai fini

> ▶ Déroulement du jeu

Un étudiant lance une balle à un autre étudiant en disant un mot masculin au pluriel précédé de l'article « les ».

Exemple : les livres

L'étudiant qui a reçu la balle doit le dire au singulier : « le livre » en accentuant l'article.

La même chose pour le présent et le passé composé.

JEU N° 5   Jeu du bac

▶ **Déroulement du jeu**

Il faut déterminer avec les étudiants des colonnes avec des rubriques : prénom, verbe, couleur, animal, pays, objet… Puis il faut diviser la classe en deux équipes. Le professeur dit une lettre ou un son, par exemple [ã]

Chaque équipe remplit ses colonnes. La première qui a terminé propose les mots qu'elle a trouvés. Si les deux équipes ont trouvé pour une même rubrique le même mot, ce mot ne comptera pas. L'équipe gagnante est celle qui a le plus de points (1 point par mot trouvé).

Exemple : avec le son [ã]

Prénom	Verbe	Couleur	Animal	Pays	Objet
Laurence	Manger	Blanc	Éléphant	France	Lampe

JEU N° 6   Jeu du cadavre exquis avec le même son

▶ **Déroulement du jeu**

Il faut diviser la classe en plusieurs équipes de 6 apprenants.

Un apprenant de chaque groupe écrit sur une feuille un nom avec son détermi-nant comportant un son donné au départ par l'enseignant. Il plie sa feuille et la passe à son voisin qui doit écrire un adjectif. Le suivant écrira un verbe. On conti-nue avec un adverbe, un complément d'objet et un complément de lieu. Il ne faut pas oublier à chaque étape de plier la feuille.

Les phrases sont lues ensuite à la classe.

Exemples de production d'apprenants avec le son [ã] :
Le gentil Jean enveloppe méchamment du safran dans sa chambre.
Une femme enceinte envoie souvent des gens à l'étang.

Bibliographie générale

ABRY D., CHALARON M.L., *Phonétique 350 exercices*, Hachette, 1994, 6 cassettes.

AKYUZ A., BAZELLE-SHAHMAEI B., BONENFANT J., FLAMENT M.-F., LACROIX J., MOTIOT D., RENAUDINEAU P., *Exercices d'oral en contexte*, Hachette, niveau 1, 2001, 2 CD audio, niveau intermédiaire, 2002, 2 CD audio.

ARGOD-DUTARD F., *Éléments de phonétique appliquée*, Armand Colin, 1996.

CALBRIS G., MONTREDON J., dessins de ZAU, *Des gestes et des mots pour le dire*, CLE international, 1986.

CALLAMAND M., *Méthodologie de l'enseignement de la prononciation*, CLE international, 1981.

CHAMPAGNE-MUZAR C., BOURDAGES J. S., *Le point sur la phonétique*, CLE international, 1998 (Québec 1993).

CHARLIAC L., MOTRON A.C., *Phonétique progressive du français, niveau intermédiaire*, CLE international, 1998, 3 CD audio.

CHARLIAC L., MOTRON A.C., *Phonétique progressive du français, niveau avancé*, CLE international, à paraître, 3 CD audio.

CHARLIAC L., LE BOUGNEC J. TH, LOREIL B., MOTRON A.C., *Phonétique progressive du français, niveau débutant*, CLE international, 2003, 3 CD audio.

CHAURAND J., (sous la dir.), *Nouvelle histoire de la langue française*, Seuil, 1999.

GUEX A., PITHON M., *Manuel de phonétique française*, École française moderne, Lausanne, 1998.

GUIMBRETIÈRE E., *Phonétique et enseignement de l'oral*, Didier-Hatier, 1994.

KANEMAN-POUGATCH M., PEDOYA E., *Plaisirs des sons*, Didier-Hatier, 1989, 4 cassettes.

LE BEL J.-G., *Traité de correction phonétique ponctuelle*, CIRAL, 1990.

LÉON P., BHATT P., BALIGAND R., *Structure du français moderne*, Canadian Scholars' Press Inc., Toronto, 1999.

LÉON M., *Exercices systématiques de prononciation française*, Hachette, 1975-2004, 2 CD audio.

LÉON P. et LÉON M., *Introduction à la phonétique corrective*, Hachette-Larousse, 1964.

LHOTE E., *Enseigner l'oral en interaction*, Hachette, 1995.

MARTINS C., MABILAT J.-J., *Sons et intonation*, Didier, 2004, 3 CD audio.

PAGNIEZ-DELBART Th., *À l'écoute des sons : les voyelles*, CLE international, 1990, 2 cassettes.

PAGNIEZ-DELBART Th., *À l'écoute des sons : les consonnes*, CLE international, 1991, 2 cassettes.

RENARD R., *Introduction à la méthode verbo-tonale de correction phonétique*, Didier, 1971.

SIREJOLS E., TEMPESTA G., *Bien entendu*, Didier-Hatier, 1995, 6 cassettes.

VIELMAS M., *À haute voix*, CLE international, 1990.

WACHS A., MARTINIE B., *Phonétique en dialogues, niveau débutant*, CLE international, 2006.

WIOLAND F., *Prononcer les mots du français*, Hachette, 1991.

YAGUELLO M. (sous la dir.), *Le grand livre de la langue française*, Seuil, 2003.

Sitographie

Cours universitaires de phonétique

Phonétique : Université de Lausanne
http://www.unil.ch/ling/page12580.html

Phonétique corrective et prosodie
http://courseweb.edteched.uottawa.ca/Phonetique/pages/phonetique/intro.htm

Phonologie : Queen's university
http://post.queensu.ca/~lessardg/Cours/215/chap3.html

Université Léon
http://www3.unileon.es/dp/dfm/flenet/phon/phoncours.html

FLENET
http://flenet.rediris.es/cours/cphon.html

API et exercices de transcription

Laboratoire de phonétique et phonologie de l'Université Laval
http://www.lli.ulaval.ca/labo2256/exerc.html

Philagora
http://www.philagora.net/philo-poche/phonetique1.htm

Recherche et théories

Virga
http://virga.org/

Bibliographie

http://archivesic.ccsd.cnrs.fr/documents/archives0/00/00/08/88/
sic_00000888_01/sic_00000888.pdf

Exercices de phonétique en ligne pour les étudiants étrangers

Université Léon
http://www3.unileon.es/dp/dfm/flenet/phonactivites.html

Divers exercices d'ACCORD et autres méthodes
http://fis.ucalgary.ca/repsit/langue_comprehension_culture_phonetique.htm#phonetique

Phonétique free
http://phonetique.free.fr/

Dicofle :
http://www.dicofle.net/index_exo. asp

Fabris :
http://www.fab24.net/SS_Demo/guest1.htm
http://accentsdefrance.free.fr/

Prosodie

http://courseweb.edteched.uottawa.ca/Phonetique/pages/discrimination/musique.htm

Écoute

Écrits-passion
http://babelnet.sbg.ac.at/canalreve/ecritspassions/index.htm

Bonnes nouvelles
http://bonnesnouvelles.ifrance.com/bonnesnouvelles/

(Merci à F. Louveau et M. Tomé qui m'ont aidé dans cette recherche sur Internet.)

Tableau des contenus

Fiches	Titre	Niveaux					
		A1	A2	B1	B2	C1	C2
1	L'accent, le rythme et la syllabation						
2	L'accent d'insistance						
3	L'intonation linguistique						
4	L'intonation expressive						
5	La chute et le maintien du « e » instable						
6	L'enchaînement et la liaison						
7	L'alphabet						
8	Les voyelles fermées [i, y, u]						
9	Les voyelles mi-fermées mi-ouvertes [e/ɛ, o/ɔ]						
10	Les voyelles nasales [ɛ̃, ɑ̃, ɔ̃]						
11	Les voyelles orales et nasales						
12	La durée des voyelles						
13	Les semi-voyelles						
14	Le mot « plus »						
15	Les consonnes sourdes et sonores						
16	Les consonnes sifflantes et chuintantes						
17	Les consonnes géminées						
18	Les groupes consonantiques						
19	Le « h » muet ou aspiré						
20	Le [ʀ] et le [l]						
21	La lettre « x » et sa prononciation						
22	Phonétique et histoire						
23	Les français standard et familiers						
24	Lectures à différents tons						
25	Les chiffres						
26	D'une langue à l'autre						
27	Les onomatopées						
28	Les homophones et homographes						
29	Les virelangues						
30	Les mots tordus						
31	Les jeux phonétiques						

Remarque : les fiches pour les niveaux A1 et A2 peuvent faire l'objet d'une révision pour les niveaux supérieurs.

N° d'éditeur : 10146995 – Octobre 2007
Imprimé en France par EMD S.A.S.
53110 Lassay-les-Châteaux
N° d'imprimeur : 18185